Klasse 2-6

Nicola Kossen

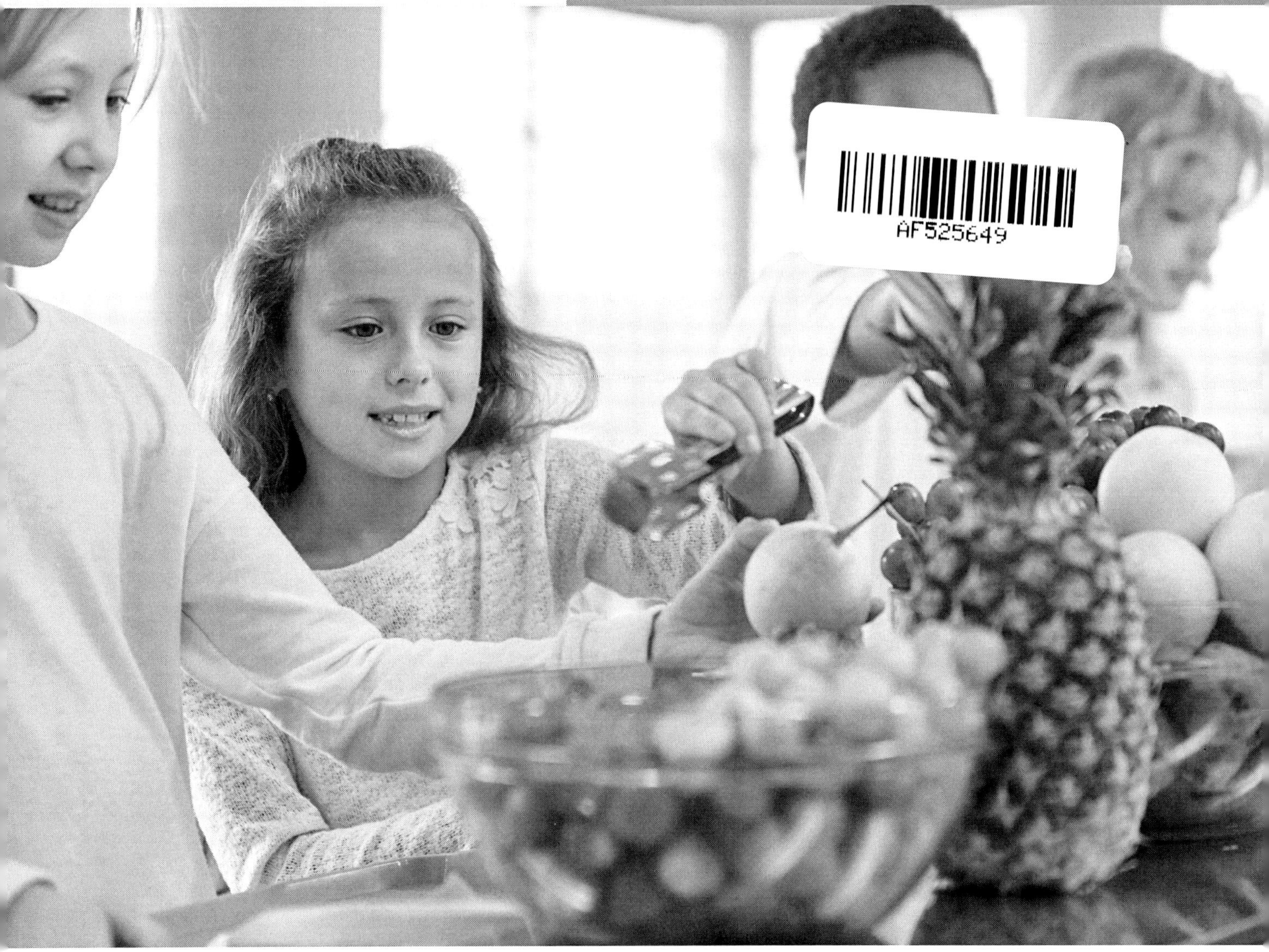

Lernwerkstatt

Gesunde Ernährung

mit Kindern & Jugendlichen

- ➡ Theoretische Einführung
- ➡ Ausführlicher Praxisteil
- ➡ Viele leckere Rezepte

Gesunde Ernährung
mit Kindern und Jugendlichen

5. Auflage 2026

Inhalt: Nicola Kossen
Umschlagbild: © Robert Kneschke - AdobeStock.com
Redaktion: Kohl-Verlag
Grafik & Satz: Eva-Maria Noack / Kohl-Verlag
Druck: Druckhaus Flock, Köln

Bestell-Nr. 12 585

ISBN: 978-3-96624-178-6

Kontakt: Kohl-Verlag, An der Brennerei 37-45, 50170 Kerpen
Tel: +49 2275 331610, Mail: info@kohlverlag.de

Unsere Lizenzmodelle

Der vorliegende Band ist eine Print-Einzellizenz

Sie wollen unsere Kopiervorlagen auch digital nutzen? Kein Problem – fast das gesamte KOHL-Sortiment ist auch sofort als PDF-Download erhältlich! Wir haben verschiedene Lizenzmodelle zur Auswahl:

	Print-Version	PDF-Einzellizenz	PDF-Schullizenz	Kombipaket Print & PDF-Einzellizenz	Kombipaket Print & PDF-Schullizenz
Unbefristete Nutzung der Materialien	x	x	x	x	x
Vervielfältigung, Weitergabe und Einsatz der Materialien im eigenen Unterricht	x	x	x	x	x
Nutzung der Materialien durch alle Lehrkräfte des Kollegiums an der lizensierten Schule			x		x
Einstellen des Materials im Intranet oder Schulserver der Institution			x		x

Die erweiterten Lizenzmodelle zu diesem Titel sind jederzeit im Online-Shop unter www.kohlverlag.de erhältlich.

Inhalt

Vorwort 5

Theoretischer Teil: „Gesunde Ernährung“

1. Einheit: „Was bedeutet gesunde Ernährung?“
- Unterrichtskonzeption 6
- Deckblatt „Gesunde Ernährung“ 7
- AB „Unsere Sinne“ 8
- AB „Unsere Sinne und die Lebensmittel“ 9

2. Einheit: „Das Lebensmitteldreieck“
- Unterrichtskonzeption 10
- Anschauungsmaterial „Das Lebensmitteldreieck“ 11
- AB „Das Lebensmitteldreieck“ 12
- AB „Lebensmitteldreieck in 3D“ 13

3. Einheit: „Der Lebensmittelkreis“
- Unterrichtskonzeption 14
- Anschauungsmaterial „Der Lebensmittelkreis“ 15
- „Schmuckblatt“ 16
- AB „Die 7 Gruppen im Lebensmittelkreis“ 17

4. Einheit: „Unsere Verdauung“
- Unterrichtskonzeption 19
- AB „Unsere Verdauung“ 20

5. Einheit: „Was unser Körper braucht: Die Nährstoffe“
- Unterrichtskonzeption 21
- Anschauungsmaterial „Die Nährstoffe“ 22
- AB „Wir brauchen Nährstoffe“ 23

6. Einheit: „Obst und Gemüse“
- Unterrichtskonzeption 24
- AB „Obst und Gemüse“ 25
- AB „Neugieriges und verstecktes Gemüse“ 26
- AB „Fünf Portionen am Tag“ 27
- AB „Obst- und Gemüse-Suchsel“ 28

7. Einheit: „Getreide“
- Unterrichtskonzeption 29

8. Einheit: „Zucker“
- Unterrichtskonzeption 30
- Text für die Lehrkraft „Der süße Räuber Zucker“ 31
- AB „Zucker in unseren Lebensmitteln“ 32

9. Einheit: „Die gesunde Brotbox“
- Unterrichtskonzeption 33
- AB „Gesunde Brotbox für die Pause“ 34

Inhalt

Praktischer Teil: „Gesunde Rezepte“

Vorwort ... 35

10. **Einheit: „Richtiges Tischdecken“ und „Verhaltensregeln bei der Zubereitung/beim Essen“**
- Unterrichtskonzeption ... 36
- AB „So decke ich den Tisch richtig“ ... 37
- AB „Regeln beim Essen“ ... 38

11. **Einheit: „Schokocreme (Brotaufstrich)“**
- Rezept ... 39

12. **Einheit: „Tomatenketchup“**
- Rezept ... 40

13. **Einheit: „Lustige Brotgesichter/Rohkostteller mit Dip als Resteverwertung“**
- Rezepte ... 41

14. **Einheit: „Milchshake mit Obst“**
- Rezept ... 42

15. **Einheit: „Frisches Vollkornbrot“**
- Rezept ... 43

16. **Einheit: „Frische Vollkornbrötchen“/„Butter selbst machen“**
- Rezepte ... 44

17. **Einheit: „Bircher Müsli“**
- Rezept ... 45

18. **Einheit: „Frischkornbrei“**
- Rezept ... 46

19. **Einheit: „Quarkspeise mit frischem Obst“**
- Rezept ... 47

Vorlage Ernährungsführerschein ... 48

Blankovorlage Rezept ... 49

Lösungen ... 50 – 54

Vorwort

Liebe Kolleginnen und Kollegen,

gesunde Ernährung gewinnt immer mehr an Bedeutung. Die Beschäftigung mit der Thematik im Unterricht kann zu einem Bewusstsein für die eigene Ernährung und Gesundheit beitragen. Gerade Kinder sind für dieses Thema schnell zu begeistern, vor allem wenn sie anstelle von Verboten Alternativen angeboten bekommen und lernen, diese zuzubereiten.

Die vorliegende Unterrichtsreihe stellt nicht den erhobenen Zeigefinger in den Mittelpunkt, sondern setzt auf Genuss und die Erfahrung, dass gesundes Essen schmeckt und Spaß macht! Daher ist für mich die Zubereitung von Rezepten mit den Kindern unerlässlich. Gesunde Ernährung muss erfahrbar sein, um den Kindern Anregungen für das eigene Leben geben zu können. Am Ende der Unterrichtsreihe nehmen die Kinder ihren Hefter mit den Arbeitsblättern und Rezepten mit nach Hause und können eigene Lieblingsrezepte noch einmal mit ihrer Familie zubereiten.

Die Unterrichtsreihe habe ich vielfach in verschiedenen Lerngruppen durchgeführt und die Rezepte immer wieder getestet. Auch im Rahmen von Projekttagen ist die Unterrichtsreihe sehr gut umsetzbar. Hier kann nach einer theoretischen jeweils direkt eine praktische Einheit erfolgen. Die Einheiten sind nicht als starre Abfolge zu sehen. Sie können diese nach Ihren Bedürfnissen umgestalten, erweitern oder auch Elemente auslassen.

Auch die Rezepte dienen als Anregung. Sie können diese zeitlich und auch in Abfolge und Umfang variabel gestalten. Die Einheiten der Unterrichtsreihe sind zeitlich etwa für die Dauer von 1-2 Unterrichtsstunden ausgelegt.

Die Kosten für die Lebensmittel können entweder über einen kleinen Beitrag von den Eltern eingesammelt oder über die Klassenkasse finanziert werden. Die Resonanz seitens der Eltern in Bezug auf das Thema ist erfahrungsgemäß sehr positiv.
Bitte achten Sie vorab auf die Abfrage eventueller Allergien.

Viel Freude mit dem Thema gesunde Ernährung wünschen Ihnen und Ihrer Lerngruppe das Team des Kohl-Verlages und

Nicola Kossen

Über die Autorin

Ich bin Grundschullehrerin und habe mich im Rahmen eines Fernstudiums zur Ernährungsberaterin weitergebildet.
Die vollwertige Ernährung ist ein wichtiger Bestandteil meines Lebens. Seit vielen Jahren ernähre ich mich ohne die Verwendung von Fabrikzucker und achte beim Einkauf und der Verwendung von Lebensmitteln darauf, dass diese möglichst unverarbeitet sind.
Vor einigen Jahren habe ich mit der Anschaffung einer Getreidemühle begonnen, selbst Brot und Brötchen aus Vollkornmehl zu backen.
In meiner Freizeit gebe ich Kurse für Kinder und zeige ihnen, wie sie schon mit einfachen Mitteln gesunde Nahrungsmittel zubereiten können – kinderleicht und mit viel Spaß!
Die Lieblingsrezepte der Kinder (auch meiner beiden eigenen) habe ich in einer Unterrichtsreihe zusammengestellt, die ich selbst mehrfach durchgeführt habe.

1. Einheit: „Was bedeutet gesunde Ernährung?“

Zeit:

1 - 2 Unterrichtsstunden

Material:

- Deckblatt „Gesunde Ernährung“ (S. 7)
- Tonpapier für die Mindmap; dicker Filzstift
- ggf. kleine Zettel für Fragen
- AB „Unsere Sinne“ (S. 8)
- AB „Unsere Sinne und die Lebensmittel“ (S. 9)
- ein Heftstreifen für jedes Kind zur Erstellung des Themenhefters „Gesunde Ernährung“

Einstieg:

1. Legen Sie im Stuhlkreis als stummen Impuls einige Lebens- und Nahrungsmittel aus (z.B. Apfel, Tomate, Cola, Wasser, Gummibärchen, Vollkornbrot; alternativ als Bilder). Die Kinder äußern Vermutungen, um welches Thema es geht.
2. Erstellen Sie gemeinsam eine Mindmap zum Thema „Gesunde Ernährung“. Die Kinder berichten über eigene Erfahrungen/Assoziationen zum Thema. Die Mindmap kann im Klassenraum aufgehängt werden.
3. Jedes Kind nennt sein Lieblingsgericht, das später auf dem Deckblatt eingezeichnet wird.

Optional:

An ihren Plätzen schreiben die Kinder eigene Fragen auf kleine Zettel, die eingesammelt, vorgelesen und im Verlauf der Reihe beantwortet werden.

Fragen Sie die Kinder, wie wir Lebensmittel voneinander unterscheiden können. Erklären Sie die fünf Sinne des Menschen, mit denen wir auch unsere Lebensmittel wahrnehmen (Riechen, Fühlen, Schmecken, Hören, Sehen).

Erarbeitung:

1. Die Kinder erhalten einen Heftstreifen für ihren Themenhefter „Gesunde Ernährung“ und gestalten das Deckblatt.
2. Anschließend bearbeiten sie das Arbeitsblatt „Unsere Sinne“.
3. Das Arbeitsblatt „Unsere Sinne und die Lebensmittel“ erhalten sie als Hausaufgabe.

Alle Arbeitsblätter werden mit Hilfe des Heftstreifens abgeheftet. Der Hefter wird zu jeder thematischen Einheit mitgebracht.

Gesunde Ernährung

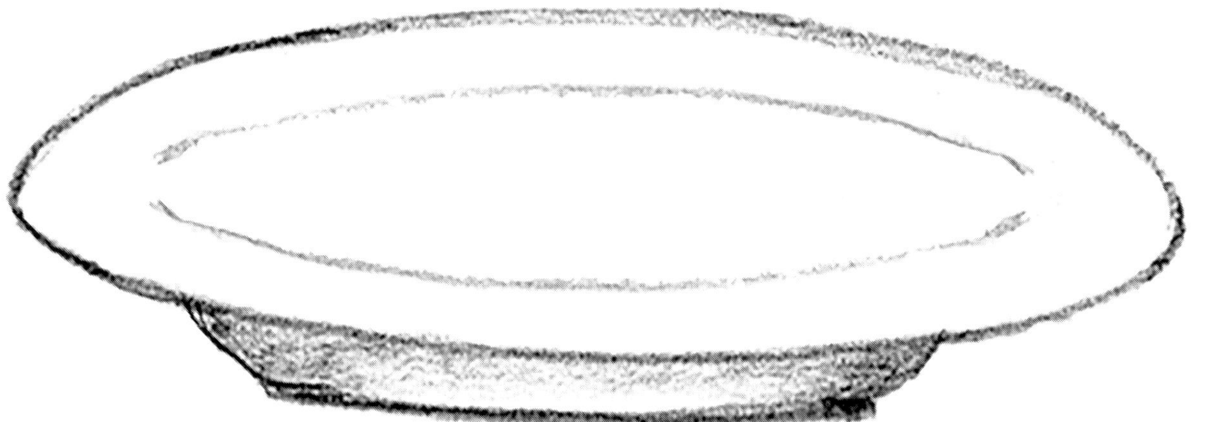

Mein Lieblingsessen und mein Lieblingsgetränk

Name: ______________________

Klasse: ______________________

KOHL VERLAG Lernwerkstatt Gesunde Ernährung mit Kindern & Jugendlichen – Bestell-Nr. 12 585

1. Einheit: „Was bedeutet gesunde Ernährung?“

Unsere Sinne

Der Mensch hat neben dem Gleichgewichtssinn fünf weitere, klassische Sinne:
Riechen, Schmecken, Hören, Sehen, Fühlen.
Mit unseren Sinnen nehmen wir die Umgebung wahr. Die Sinnesorgane (Nase, Mund, Ohren, Augen, Haut) sind genau an ihre Aufgabe angepasst und melden dem Gehirn, was sie wahrnehmen.

Aufgabe 1: *Schreibe die Wörter in die passenden Lücken.*

Zunge – riechen – Augen – schmecken – Ohren – sehen – fühlen – Nase – hören – Haut

Mit meiner ________________
kann ich ________________ .

Mit meiner ________________
kann ich ________________ .

Mit meinen ________________
kann ich ________________ .

Mit meinen ________________
kann ich ________________ .

Mit meiner ________________
kann ich ________________ .

1. Einheit: „Was bedeutet gesunde Ernährung?“

Unsere Sinne und die Lebensmittel

Beim Essen und Trinken schmecken, sehen, riechen, fühlen und hören wir.
Wir essen und trinken also mit mehreren Sinnen!

Aufgabe 1: *Schreibe die Wörter in die passenden Lücken.*

riechen – umami – bitter – aussehen – süß – anfühlt – unterscheiden – salzig – appetitlich – sauer – genießbar

Unsere Zunge erkennt fünf Geschmacksrichtungen: ____________, ____________, ____________, ______________ und ____________.

Umami ist ein würziger Geschmack, der zum Beispiel in Fleischgerichten oder gewürzten Kartoffelchips vorkommt.

Auch mit Hilfe unserer Augen können wir „schmecken“. Man sagt: „Das Auge isst auch mit!“ Die Augen sind beim Essen sehr hilfreich. Wir mögen am liebsten Lebensmittel, die gut ________________.

Lebensmittel, die besonders ________________ aussehen, sind allerdings nicht immer gesünder. Ein Apfel, der schön glänzt und keine Flecken hat, wurde z.B. häufig chemisch gespritzt.

Auch unsere Nase hilft uns beim Essen. Lebensmittel, die gut ______________, essen wir gern. Der Geruch von Lebensmitteln hilft uns auch, diese zu ____________________ und zu erkennen, ob sie (noch) ____________ sind.

Man sagt, die Nase „schmeckt“ mehr als die Zunge! Das kannst du selbst merken, wenn du z.B. Schnupfen hast und den Geschmack des Essens nicht mehr gut erkennst.

Beim Essen fühlen wir auch. Wenn sich ein Lebensmittel in den Händen oder im Mund nicht gut __________________, möchten wir es nicht so gerne essen.

süß **salzig** **sauer** **bitter** **umami**

Lernwerkstatt Gesunde Ernährung mit Kindern & Jugendlichen – Bestell-Nr. 12 585

2. Einheit: „Lebensmitteldreieck“

Zeit:

1-2 Unterrichtsstunden

Material:

- Das „Lebensmitteldreieck“ (S. 11) als Anschauungsmaterial vorbereiten: 1x zur Ansicht auf DIN A3 vergrößern und ggf. (bei Schwarzweiß-Druck) in den Ampelfarben ausmalen.
- AB „Das Lebensmitteldreieck“ (S. 12)
- AB „Lebensmitteldreieck in 3D“ (S. 13) → möglichst ein Muster vorab basteln

Einstieg:

1. Legen Sie die farbige Abbildung (DIN A3) des Lebensmitteldreiecks in die Mitte des Stuhlkreises und erarbeiten Sie mit den Kindern dessen Aufbau:
   - Einteilung in Lebensmittelgruppen (Stufen); gemeinsam benennen
   - Ampelfarben der einzelnen Stufen
   - Anzahl der Bausteine auf jeder Ebene = empfohlene Anzahl der Portionen pro Tag, die in eine Kinderhand passen
   - die Bilanz sollte über die Woche betrachtet zum Verhältnis der einzelnen Bausteine zueinander passen (ein Tag mit unausgewogenem Essen kann über die Woche wieder ausgeglichen werden)
   - Bedeutung des Wassers als Grundlage: Der menschliche Körper besteht zum größten Teil (bis zu 70%) aus Wasser. Er braucht es als Baustoff, als Transportmittel und zur Wärmeregulation. Etwa 70% des Tagesbedarfs nehmen wir bereits über unsere Nahrung zu uns. Die restlichen 30% sollten wir als Getränke zu uns nehmen. Das sind etwa 2 Liter täglich.
2. Anschließend nennen Sie folgende Lebensmittel, die die Kinder den verschiedenen Lebensmittelgruppen zuordnen:

   Orange, Kartoffeln, Butter, Gummibärchen, Quark, Joghurt, Eier, Käse, Pilze, Erbsen, Nudeln, Banane, Nüsse, Pfefferminztee, Gurke, Tomate, Brot, Schokolade, Reis, Müsli, Salat, Fisch, Orangensaft (zählt zu Obst), Fleisch, Wasser

Erarbeitung:

1. Die Kinder bearbeiten das AB „Das Lebensmitteldreieck – Hier fehlt etwas“.
2. Anschließend gestaltet und bastelt jedes Kind ein eigenes, dreidimensionales Lebensmitteldreieck in Pyramidenform.

2. Einheit: „Lebensmitteldreieck“

Das Lebensmitteldreieck (für die Lehrkraft)

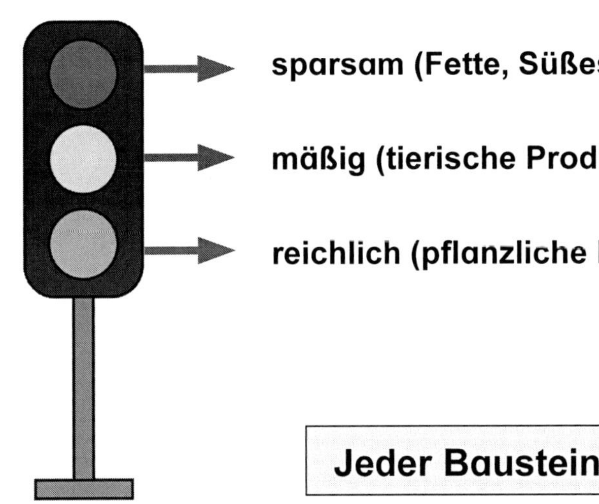

sparsam (Fette, Süßes)

mäßig (tierische Produkte)

reichlich (pflanzliche Lebensmittel und ungesüßte Getränke)

Jeder Baustein ist eine Portion!

Süßes, Fettes, Snacks

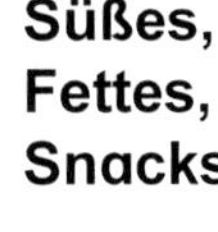

Fette, Öle

Milch, Milchprodukte, Fisch, Fleisch, Wurst, Eier

Brot, Getreide, Beilagen

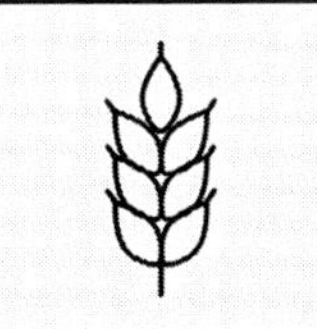

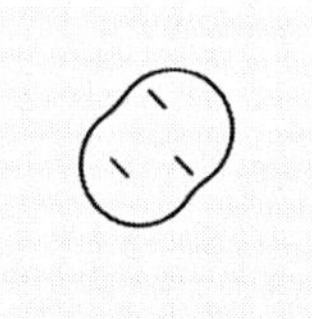

Gemüse, Salat, Obst

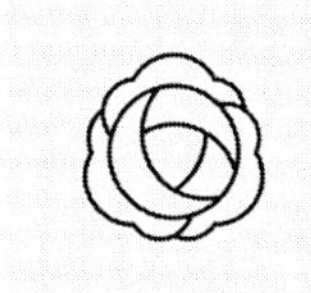
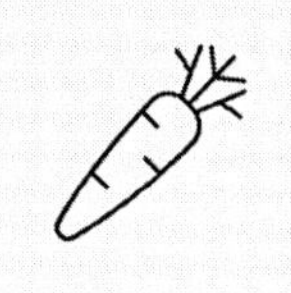
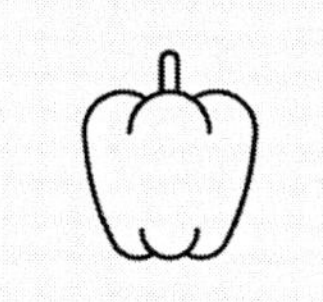

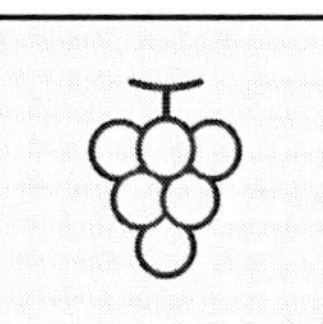

unge-süßte Getränke

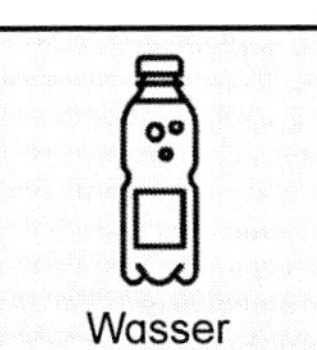

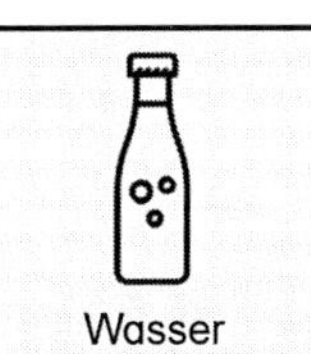

Lernwerkstatt Gesunde Ernährung mit Kindern & Jugendlichen – Bestell-Nr. 12 585
KOHL VERLAG

2. Einheit: „Lebensmitteldreieck“

Das Lebensmitteldreieck

Aufgabe 1: *Zeichne die fehlenden Lebensmittel ein und male die einzelnen Stufen in den richtigen Ampelfarben rot, gelb und grün aus.*

sparsam (Fette, Süßes)

mäßig (tierische Produkte)

reichlich (pflanzliche Lebensmittel und ungesüßte Getränke)

Ein Baustein ist eine Portion des Lebensmittels, die in eine Kinderhand passt!

Süßes, Fettes, Snacks

Fette, Öle

Milch, Milchprodukte, Fisch, Fleisch, Wurst, Eier

Brot, Getreide, Beilagen

Gemüse, Salat, Obst

unge-süßte Getränke

2. Einheit: „Lebensmitteldreieck“

Das Lebensmitteldreieck in 3D

Aufgabe 1: 1. Male in die leeren Felder passende Lebensmittel.
2. Male die einzelnen Stufen in den Ampelfarben aus.
3. Falte dein Lebensmitteldreieck in 3D an den gepunkteten Linien.
4. Klebe dein Lebensmitteldreieck in 3D zusammen.

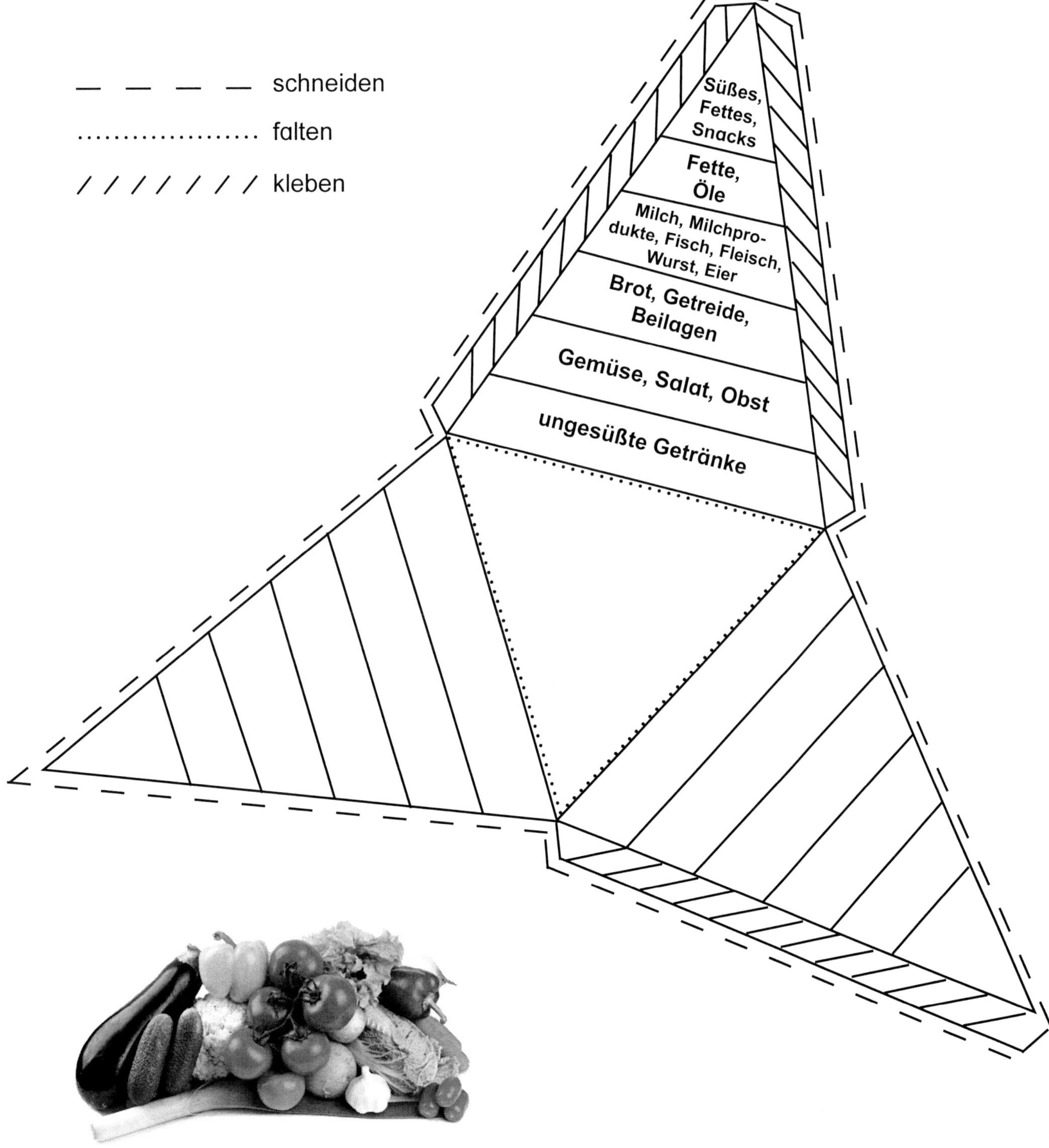

KOHL VERLAG Lernwerkstatt Gesunde Ernährung mit Kindern & Jugendlichen – Bestell-Nr. 12 585

3. Einheit: „Der Lebensmittelkreis“

Zeit:

2 Unterrichtsstunden

Material:

- „Der Lebensmittelkreis“ (S.15) als Anschauungsmaterial vorbereiten: 1x zur Ansicht auf DIN A3 vergrößern und ggf. (bei Schwarzweiß-Druck) mit den Farben ausmalen
- „Schmuckblatt“ (S.16) zum Abschreiben des Tafeltextes
- AB „Die 7 Gruppen im Lebensmittelkreis“ (S.17)

Einstieg:

1. Erarbeiten Sie mit den Kindern im Sitzkreis den Lebensmittelkreis:
   - farbliche Gestaltung
   - Aufbau in sieben Lebensmittelgruppen
   - Anordnung im Uhrzeigersinn
   - Größe der Segmente = Mengenverhältnis der Lebensmittelgruppen zueinander
   - Vergleich mit dem Lebensmitteldreieck: Beide zeigen uns, wie wir uns ausgewogen und gesund ernähren können und sind als Hilfe gedacht

2. Die Kinder nennen beispielhafte Lebensmittel für jede Gruppe.

3. Als kleines Quiz zu den Lebensmittelgruppen nennen Sie folgende Nahrungsmittel, die die Kinder ihrer Herkunft zuordnen:

   Kommt dieses Nahrungsmittel vom Tier oder von der Pflanze?

   Eier (Huhn), Brezel (Pflanze/Getreide), Butter (Kuh), Fleischwurst (Schwein), Tee (Pflanze/Teeblätter), Fischstäbchen (Fisch), Honig (Biene), Orangensaft (Pflanze/Orange), Käse (Kuh), Hähnchen (Huhn), Apfelmus (Pflanze/Apfel), Milch (Kuh), Grillwurst (Schwein oder Rind), Grillsteak (Schwein oder Rind), Quark (Kuh), Bananenmilch (beides, Pflanze/Banane und Kuh/Milch)

Erarbeitung:

1. Tafelanschrift und Eintrag auf das Schmuckblatt „Die 7 Gruppen des Lebensmittelkreises“:

   Der Lebensmittelkreis setzt sich aus sieben Gruppen zusammen. Jede Gruppe hat eine eigene Farbe.
   Die Lebensmittel in einer Gruppe enthalten ähnliche Nährstoffe. Um gesund zu bleiben, benötigen wir die Nährstoffe aus allen Gruppen, denn kein Lebensmittel enthält alle Nährstoffe.
   Die Lebensmittel der Gruppe 1–5 solltest du täglich ausreichend essen.
   Die Lebensmittel der Gruppe 6 enthalten viel Fett. Daher solltest du sie in kleineren Mengen essen und dabei vor allem auf gesunde, pflanzliche Fette achten (sie sind z.B. in Nüssen oder gutem Olivenöl enthalten).
   Das Wasser ist der Mittelpunkt des Kreises. Achte darauf, über den Tag verteilt ausreichend zu trinken (ca. 1,5 Liter).

2. Die Kinder bearbeiten das AB „Die 7 Gruppen im Lebensmittelkreis“.

3. Einheit: „Der Lebensmittelkreis“

Der Lebensmittelkreis (für die Lehrkraft)

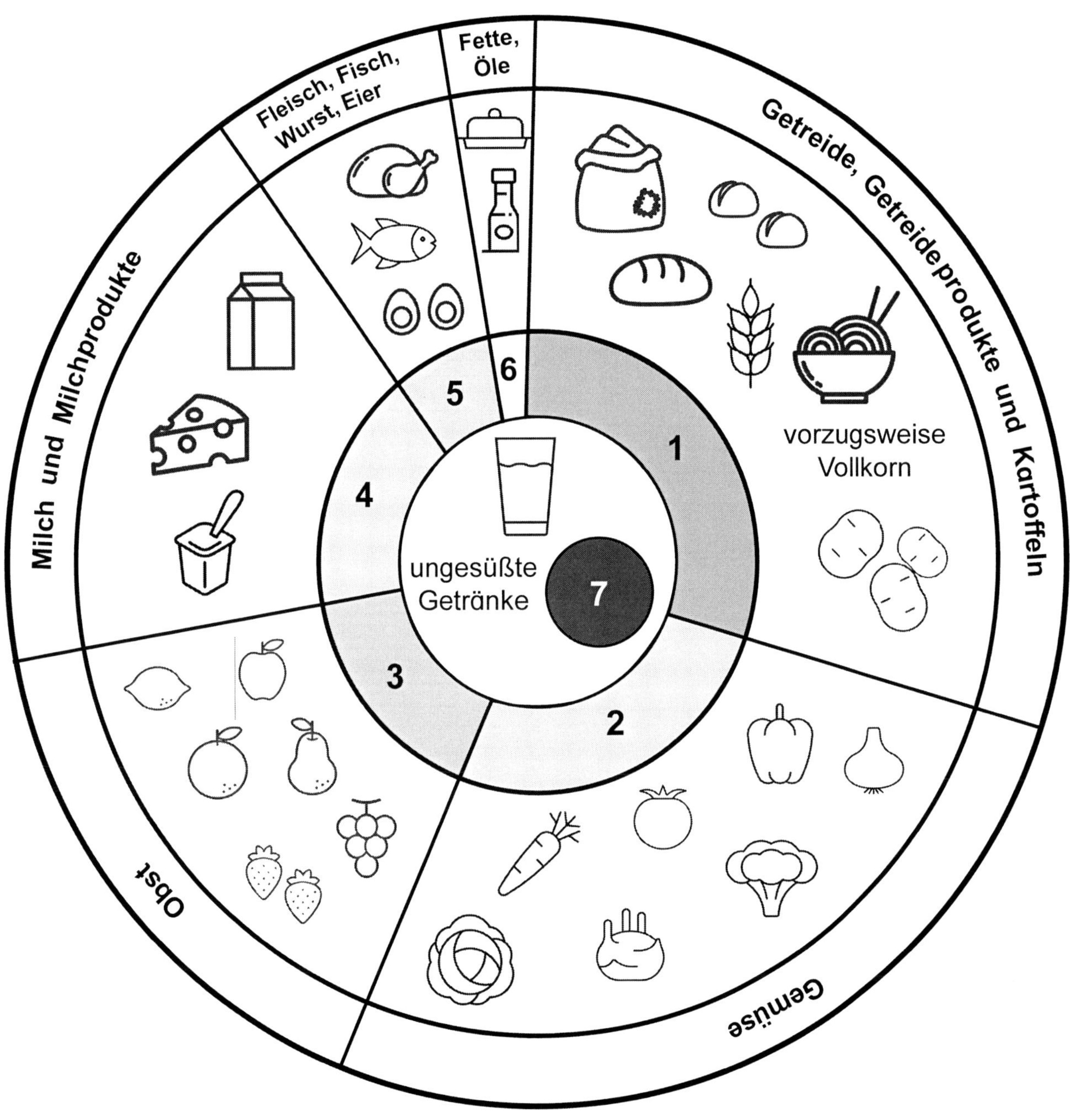

KOHL VERLAG Lernwerkstatt Gesunde Ernährung mit Kindern & Jugendlichen – Bestell-Nr. 12 585

3. Einheit: „Der Lebensmittelkreis“

Schmuckblatt

3. Einheit: „Der Lebensmittelkreis“

Die 7 Gruppen im Lebensmittelkreis

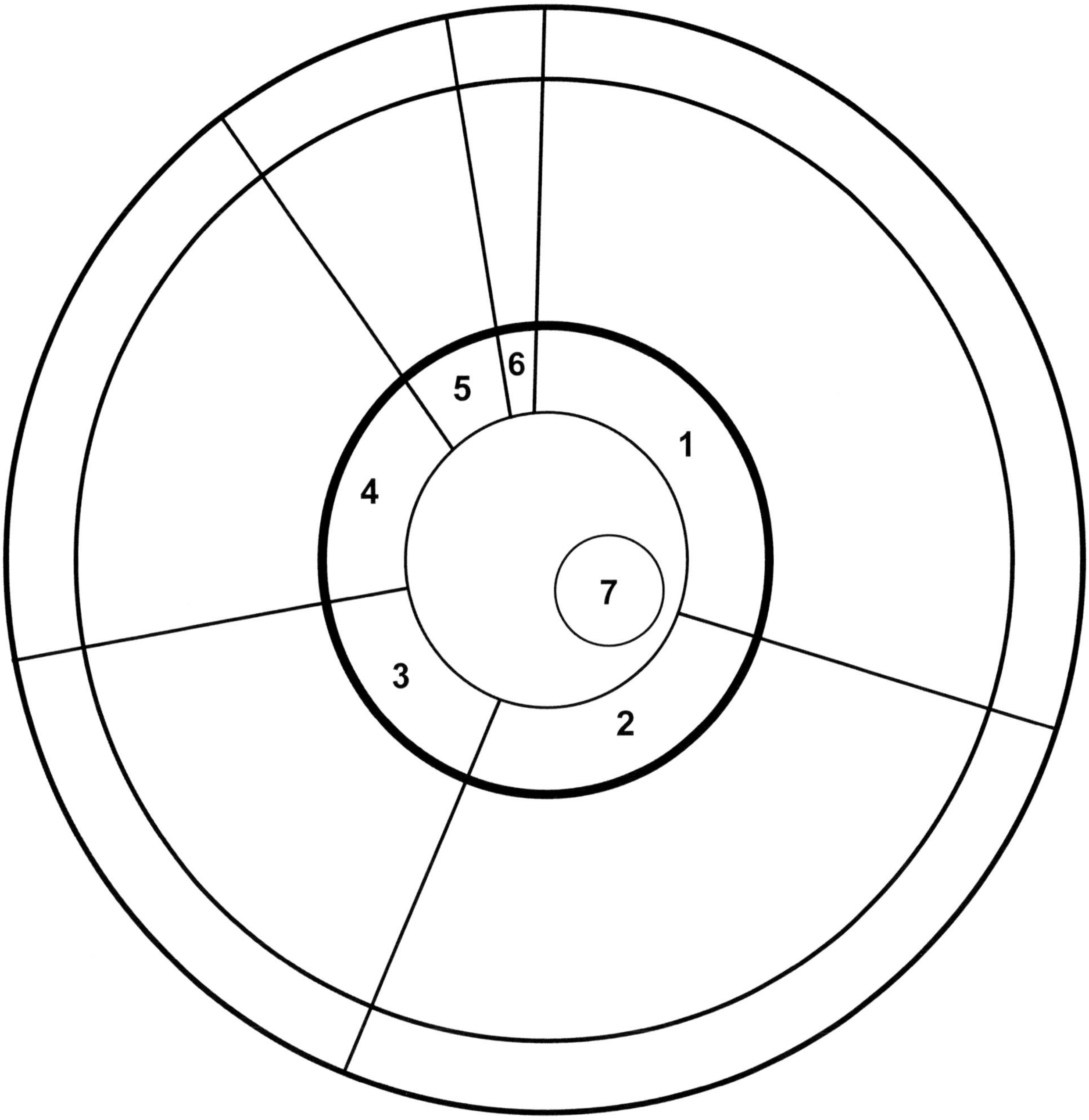

Aufgabe 1: **a)** *Trage die Namen der Lebensmittelgruppen ein, zeichne passende Lebensmittel dazu und male die Teile des Kreises in den richtigen Farben aus:*

1. Getreide, Getreideprodukte und Kartoffeln (braun)
2. Gemüse (grün)
3. Obst (orange)
4. Milch und Milchprodukte (hellblau)
5. Fisch, Fleisch, Wurst und Eier (rosa)
6. Fette und Öle (gelb)
7. Getränke (dunkelblau)

b) *Welche Lebensmittelgruppe fehlt im Lebensmittelkreis? Überlege, warum! Schreibe in dein Heft/deinen Ordner.*

3. Einheit: „Der Lebensmittelkreis“

Aufgabe 2: *Wie viele Lebensmittelgruppen hat der Lebensmittelkreis? Kreuze an.*

O **5**
O **7**
O **9**

Aufgabe 3: *Ordne die Lebensmittel den richtigen Gruppen zu und trage sie ein:*

Brot – Erdbeere – Joghurt – Quark – Tomatensaft – Käse – Fleischwurst – Nudeln – Brötchen – Zitrone – Schnitzel – Kartoffel – Olivenöl – Ananas – Hähnchen – Haferflocken – Kiwi – Milch – Margarine – Mehl – Tomate – Zwiebel – Banane – Butter – Fisch – Ei – Wasser – Möhre – Reis

Gruppe 1: Getreide, Getreideprodukte und Kartoffeln

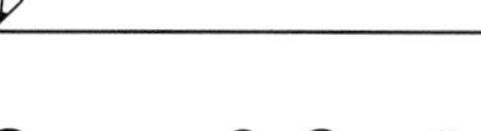

____

Gruppe 2: Gemüse

____

Gruppe 3: Obst

____

Gruppe 4: Milch und Milchprodukte

____

Gruppe 5: Fisch, Fleisch, Wurst und Eier

____

Gruppe 6: Fette und Öle

____

Gruppe 7: Getränke

____

Aufgabe 4: *Welche Gruppe im Lebensmittelkreis magst du am liebsten? Begründe.*

____

____

____

KOHL VERLAG Lernen mit Erfolg – Lernwerkstatt Gesunde Ernährung mit Kindern & Jugendlichen – Bestell-Nr. 12 585

4. Einheit: „Unsere Verdauung“

Zeit:

1 Unterrichtsstunde

Material:

- 6 m lange Schnur
- AB „Unsere Verdauung“ (S. 20)

Einstieg:

1. Zeichnen Sie nach der Vorlage des AB „Unsere Verdauung“ eine Skizze an die Tafel und erläutern an dieser den Weg der Nahrung durch unseren Körper.

   *Die Verdauung beginnt im **MUND**. Durch das Kauen wird die Nahrung zerkleinert und mit Speichel vermischt. So kann der Speisebrei besser durch die Speiseröhre in den Magen rutschen. Kaue jeden Bissen etwa 30 Mal. So hilfst du deinem Körper bei der Verdauung.*

   *Im **MAGEN** wird der Speisebrei mit Magensäure vermischt und weiter zerkleinert. Die Magensäure tötet Krankheitserreger ab und löst auch bestimmte Nährstoffe aus dem Speisebrei.*

   *Aus dem Magen gelangt der Speisebrei in den etwa 6 Meter langen **DÜNNDARM**.*

   Hier werden die Nährstoffe weiter zerlegt und durch die Darmwände in unser Blut abgegeben, das sie im Körper verteilt.

   *Vom Dünndarm gelangt der Speisebrei mit den Stoffen, die der Körper nicht braucht, in den **DICKDARM**. Er entzieht dem Speisebrei Wasser und macht die Nahrungsreste dadurch fester.*

2. Zeigen Sie mit Hilfe der Schnur, wie lang unser Dünndarm ist.

3. Anschließend nennen Sie den Kindern das Sprichwort „Gut gekaut ist halb verdaut“ und besprechen mit ihnen dessen Bedeutung.

Erarbeitung:

Die Kinder bearbeiten das AB „Unsere Verdauung“.

4. Einheit „Unsere Verdauung“

Unsere Verdauung

Unser Körper braucht verschiedene Nährstoffe, damit er gesund bleibt und wächst. Diese Nährstoffe bekommt er durch unsere Nahrung. Damit er die Nährstoffe auch nutzen kann, muss die Nahrung im Körper zuerst stark zerkleinert werden. Diesen Vorgang nennt man „Verdauung“. An der Verdauung sind viele Organe beteiligt, die gut zusammenarbeiten müssen. Jedes Verdauungsorgan hat dabei eine eigene Aufgabe.
Die Verdauung beginnt im **MUND**. Durch das Kauen wird die Nahrung zerkleinert und mit Speichel vermischt. Im **MAGEN** wird der Speisebrei mit Magensäure vermischt und weiter zerkleinert. Im **Dünndarm** werden die Nährstoffe weiter zerlegt und durch die Darmwände in unser Blut abgegeben, das sie im Körper verteilt. Der **Dickdarm** entzieht dem Speisebrei Wasser und macht die Nahrungsreste dadurch fester.

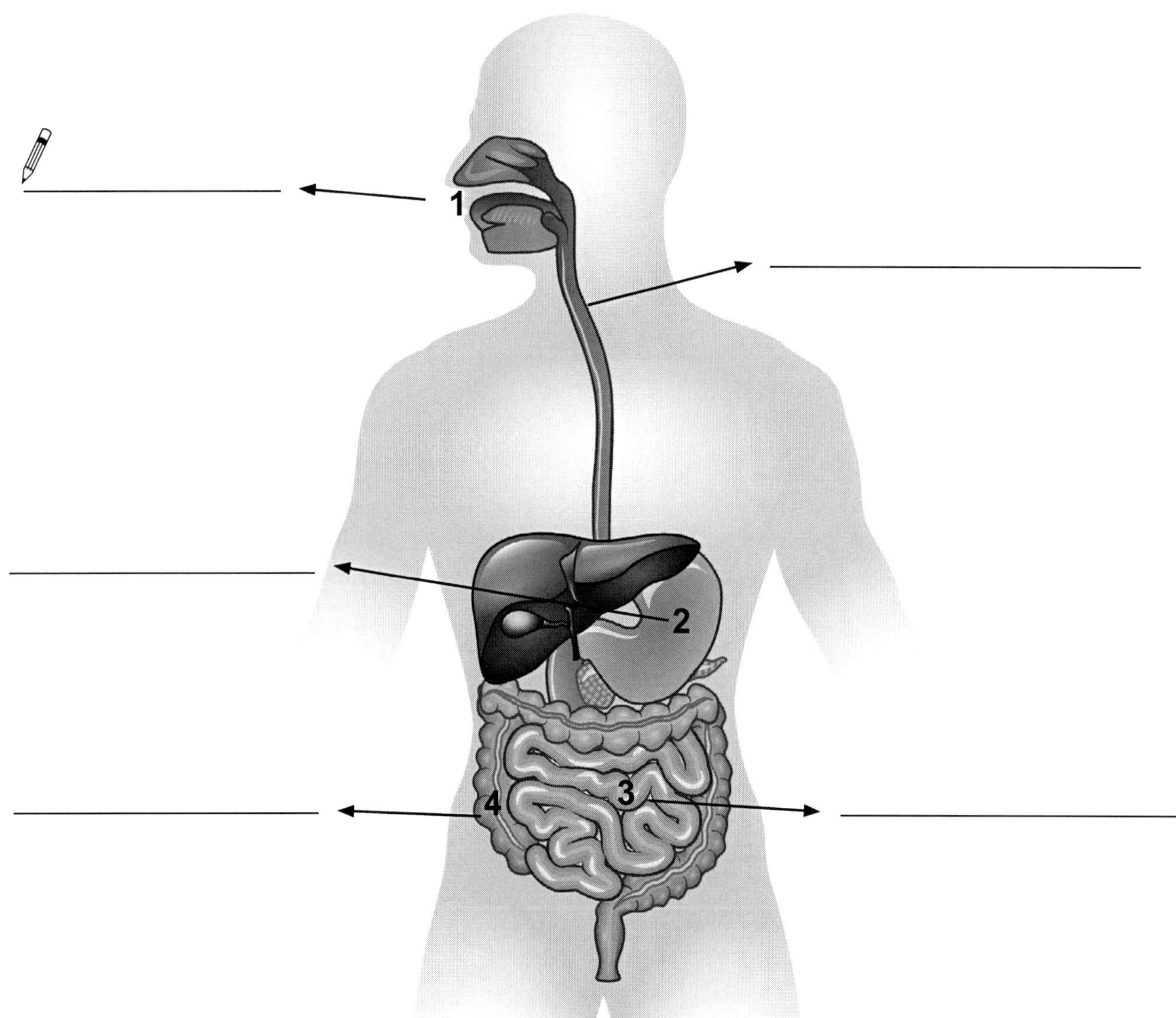

Aufgabe 1: **a)** *Trage die Namen der Verdauungsorgane an den richtigen Stellen ein.*

b) *Zeichne den Weg des Essens vom Mund bis zur Ausscheidung mit einer Linie nach.*

c) *Warum ist es wichtig, die Nahrung gut zu kauen, bevor du sie herunterschluckst? Überlege.*

5. Einheit: „Was unser Körper braucht: Die Nährstoffe“

Zeit:

1 - 2 Unterrichtsstunden

Material:

- verschiedene Lebensmittel (z.B. Öl, Butter, Nudeln, Reis, Milch, Ei, Wasser, Apfel, Vollkornbrot, Paprika)
- 9 kleine Karten „Die Nährstoffe“ (S. 22) für die Lehrkraft, beschriftet mit:

  Kraftstoffe, Fette, Kohlenhydrate
  Aufbaustoffe, Eiweiß, Wasser
  Schutzstoffe, Ballaststoffe, Vitamine/Mineralien

- AB „Wir brauchen Nährstoffe“ (S. 23)

Einstieg:

1. Legen Sie im Sitzkreis die mitgebrachten Lebensmittel aus und lassen Sie diese benennen.
   Wiederholen Sie anhand der Lebensmittel mit den Kindern, dass wir Nährstoffe brauchen, um gesund zu bleiben und wachsen zu können.

2. Legen Sie die beschrifteten Karten zu den Lebensmitteln und erklären Sie begleitend:

   Kraftstoffe *geben uns Kraft und wärmen uns von innen. Sie sorgen auch dafür, dass wir uns bewegen können. Hierzu gehören die Fette (Öl und Butter) und die Kohlenhydrate (Nudeln und Reis).*

   Aufbaustoffe *brauchen wir zum Wachsen, für starke Knochen, gesunde Zähne, schöne Haut, usw. Hierzu gehören Eiweiße (Milch, Ei) und Wasser.*

   Schutzstoffe *schützen uns vor Krankheiten und sorgen für eine gute Verdauung. Hierzu gehören Ballaststoffe (Apfel, Vollkornbrot) und Vitamine/Mineralien (Paprika, Apfel).*
   Wenn uns Vitamine und Mineralien fehlen, fühlen wir uns müde und kraftlos. Vitaminmangel schwächt den Körper und wir können schneller krank werden. Vitamine und Mineralien stecken in vielen gesunden Lebensmitteln wie Obst und Gemüse.

   Gesunde Ernährung hilft dem Körper, gesund zu bleiben oder zu werden.

Erarbeitung:

Die Kinder bearbeiten das AB „Wir brauchen Nährstoffe“.

Lernwerkstatt Gesunde Ernährung mit Kindern & Jugendlichen – Bestell-Nr. 12 585

„Die Nährstoffe“ (Karten für die Lehrkraft)

Kraftstoffe	
Fette	**Kohlenhydrate**
Aufbaustoffe	
Eiweiß	**Wasser**
Schutzstoffe	
Ballaststoffe	**Vitamine / Mineralien**

5. Einheit: „Was unser Körper braucht: Die Nährstoffe“

Wir brauchen Nährstoffe

Aufgabe 1: *Schneide die Puzzleteile unten aus und klebe sie an die richtigen Stellen.*

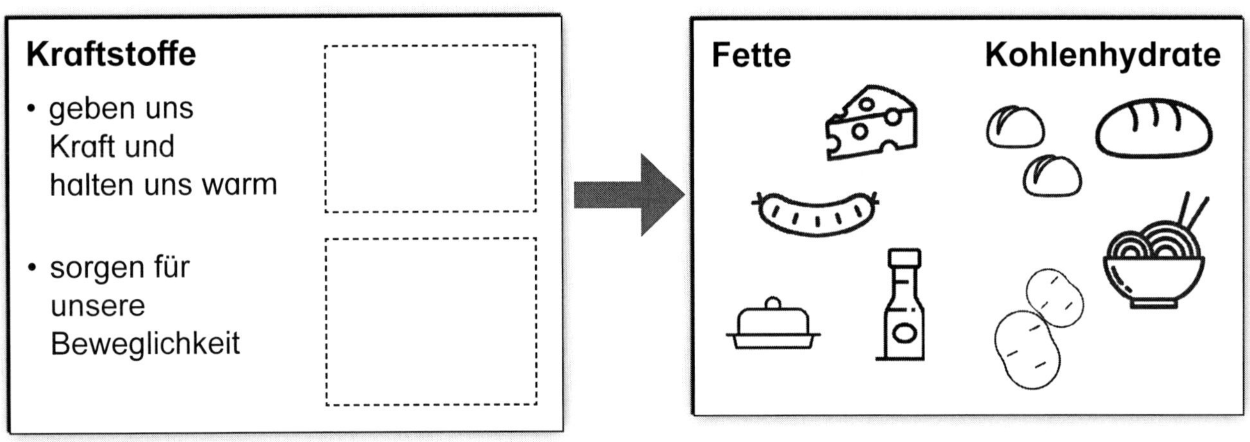

Kraftstoffe

- geben uns Kraft und halten uns warm
- sorgen für unsere Beweglichkeit

Fette **Kohlenhydrate**

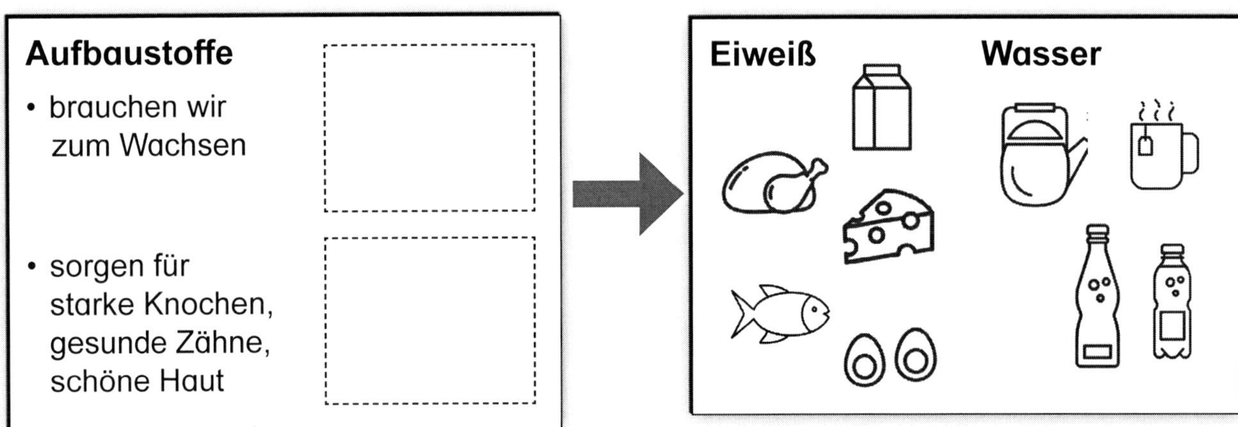

Aufbaustoffe

- brauchen wir zum Wachsen
- sorgen für starke Knochen, gesunde Zähne, schöne Haut

Eiweiß **Wasser**

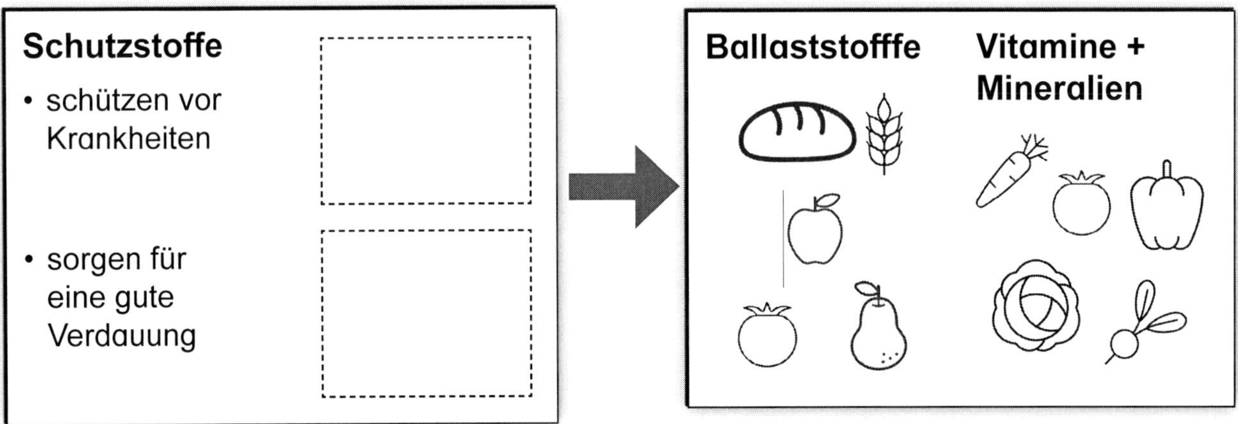

Schutzstoffe

- schützen vor Krankheiten
- sorgen für eine gute Verdauung

Ballaststofffe **Vitamine + Mineralien**

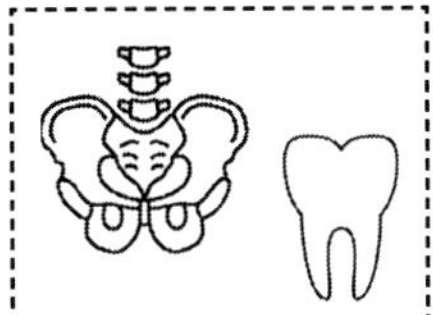  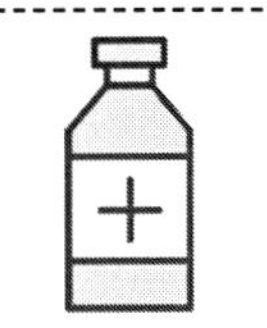 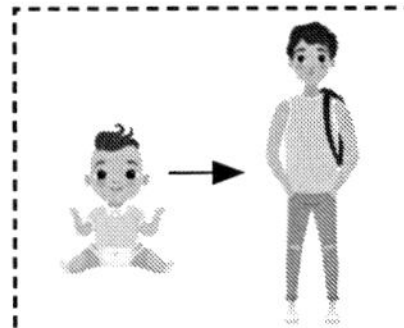  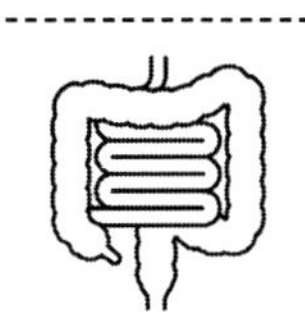

Lernwerkstatt Gesunde Ernährung mit Kindern & Jugendlichen – Bestell-Nr. 12 585

6. Einheit: „Obst und Gemüse“

Zeit: 2-3 Unterrichtsstunden

Material:

- verschiedene Obst- und Gemüsebeispiele (alternativ einzelne, vergrößerte Bilder des Arbeitsblattes), z.B. Apfel, Paprika, Banane, Zucchini, Trauben, Gurke, Kartoffel
- kleine Papierstreifen zum Beschriften
- dicker Filzstift
- Lebensmitteldreieck
- AB „Obst und Gemüse“ (bitte zusätzliche Blätter kopieren, da die Kinder für die Bearbeitung des AB eine Obst- oder Gemüsesorte oft mehrmals pro Woche benötigen)
- AB „Neugieriges und verstecktes Gemüse“
- AB „Fünf Portionen am Tag“
- bei mitgebrachten Obst- und Gemüsesorten Schneidebrett, Gemüsemesser (Lehrer/in) und Zahnstocher (Kinder)
- AB „Obst- und Gemüse-Suchsel“

Einstieg:

1. Legen Sie die mitgebrachten Obst- und Gemüsesorten (alternativ deren Abbildungen) im Stuhlkreis aus.
2. Lassen Sie die Kinder die Obst- und Gemüsesorten benennen und die Namen entsprechend auf die kleinen Papierstreifen schreiben und zuordnen.
3. Sprechen Sie mit den Kindern über die Unterscheidung von Obst und Gemüse (siehe AB) und sortieren Sie die Obst- bzw. Gemüsesorten in zwei Gruppen (Achtung: z.B. Tomaten und Gurken gehören botanisch gesehen zum Obst, bilden daher streng genommen eine eigene Gruppe, das „Fruchtgemüse“, das zwischen Obst und Gemüse steht; offiziell zählt man sie aber zum Gemüse).
4. Legen Sie als Impuls das Lebensmitteldreieck dazu und lassen Sie die Kinder den Zusammenhang vermuten (5 Bausteine (2 Bausteine Obst + 3 Bausteine Gemüse) = 5 Portionen Obst und Gemüse am Tag).
5. Besprechen Sie beispielhaft, wie man sich die 5 Portionen über den Tag verteilt einteilen könnte. Betonen Sie dabei, dass es sich möglichst um frisches, unverarbeitetes Obst und Gemüse handeln sollte und dass eine möglichst farbenfrohe Auswahl viele Nährstoffe abdeckt.

Erarbeitung:

1. Tafelanschrift und Eintrag auf das AB „Neugieriges und verstecktes Gemüse“:

Obst und Gemüse

*Der Unterschied zwischen Obst und Gemüse ist nicht immer ganz eindeutig. **Obst** ist ein Begriff für Früchte und Samen, die aus den Blüten mehrjähriger Pflanzen (Bäume oder Sträucher) entstehen. Beispiel: Ein Apfelbaum blüht jedes Jahr erneut. Äpfel sind daher Obst.*
***Gemüse** sind essbare Pflanzenteile (z.B. Stängel, Blatt oder Wurzel), die nur einmal in ihrem Pflanzenleben Früchte hervorbringen. Beispiel: Tomaten, Kartoffeln oder Salat müssen jedes Jahr neu gepflanzt werden, um sie ernten zu können. Bei manchen Pflanzen wachsen die essbaren Teile oberhalb, bei anderen unterhalb der Erde.*

2. Die Kinder schneiden an ihren Plätzen die Obst- und Gemüsekärtchen des AB „Obst und Gemüse“ aus und erstellen mit Hilfe des AB „Fünf Portionen am Tag“ jeweils einen eigenen Plan für ihre Woche.
3. Das AB „Neugieriges und verstecktes Gemüse“ wird gemeinsam zu Ende bearbeitet.
4. Die ggf. mitgebrachten Obst- und Gemüsebeispiele können gemeinsam verzehrt werden. Zeigen Sie den Kindern, wie man sie zerkleinern kann.
5. Die Kinder können die kleinen Stücke mit den Zahnstochern aufpicken.
6. Das AB „Obst- und Gemüse-Suchsel“ erhalten die Kinder als Hausaufgabe.

Obst und Gemüse

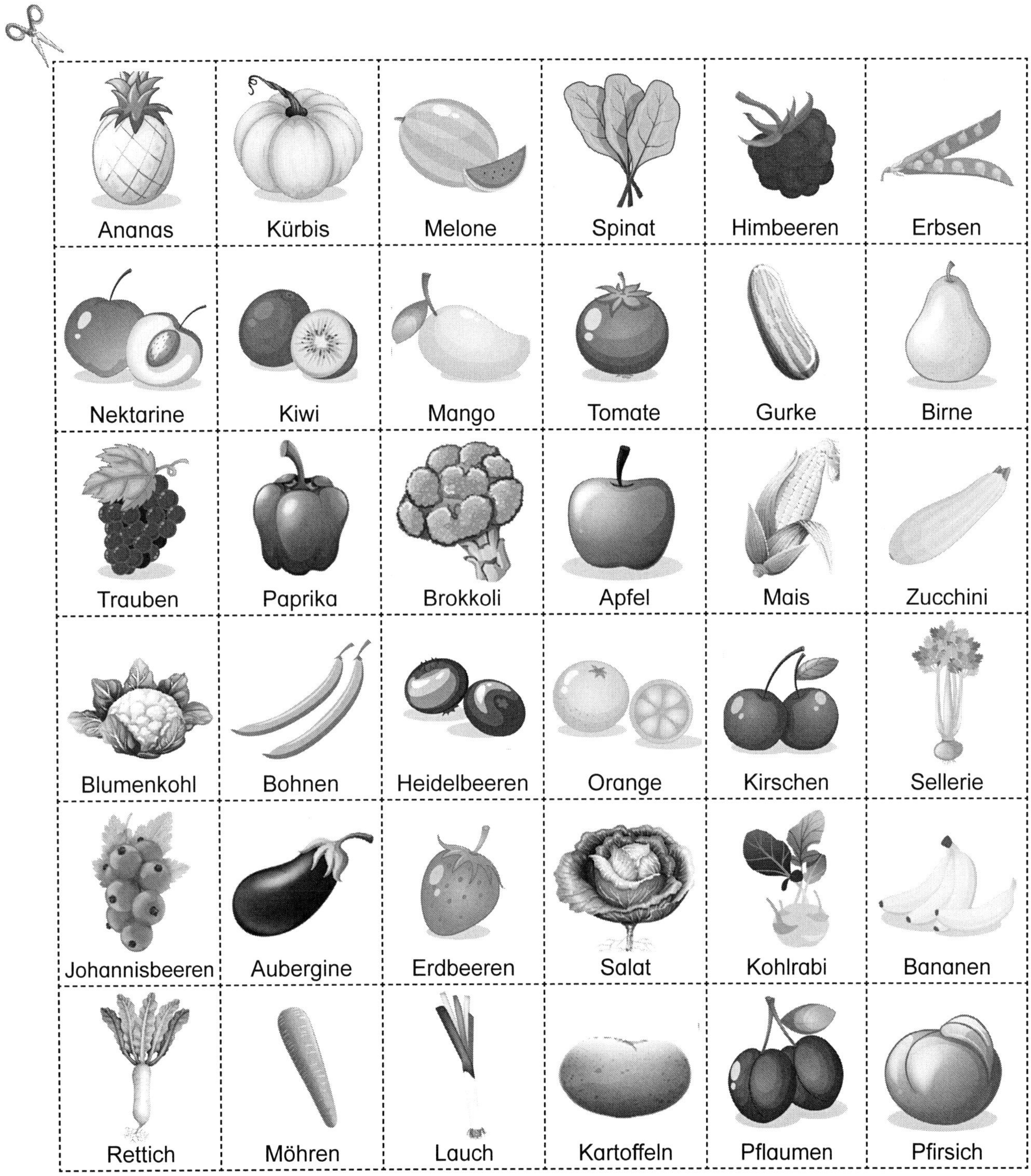

Ananas	Kürbis	Melone	Spinat	Himbeeren	Erbsen
Nektarine	Kiwi	Mango	Tomate	Gurke	Birne
Trauben	Paprika	Brokkoli	Apfel	Mais	Zucchini
Blumenkohl	Bohnen	Heidelbeeren	Orange	Kirschen	Sellerie
Johannisbeeren	Aubergine	Erdbeeren	Salat	Kohlrabi	Bananen
Rettich	Möhren	Lauch	Kartoffeln	Pflaumen	Pfirsich

Lernwerkstatt Gesunde Ernährung mit Kindern & Jugendlichen – Bestell-Nr. 12 585

„Neugieriges“ und „verstecktes“ Gemüse

Aufgabe 1: *Schreibe den Text von der Tafel ab.*

Aufgabe 2: *Welches Gemüse kennst du? Schreibe die Namen darunter. Male die Gemüsesorten aus.*

Wo wächst der Teil, den du essen kannst? Unter oder über der Erde? Schreibe auf.
Der essbare Teil wächst unten bei:

Der essbare Teil wächst oben bei:

KOHL VERLAG Lernwerkstatt Gesunde Ernährung mit Kindern & Jugendlichen – Bestell-Nr. 12 585

6. Einheit: „Obst und Gemüse“

„Fünf Portionen am Tag“

Aufgabe: *Erstelle dir einen Plan für die Woche!*

Suche dir für jeden Tag 2 Sorten Obst und 3 Sorten Gemüse auf dem Arbeitsblatt „Obst und Gemüse“ aus, schneide die Kärtchen aus und klebe sie für jeden Tag auf. Denke daran, dass du möglichst jeden Tag andere Farben isst, denn ...

... bunt ist gesund!

Montag	
Dienstag	
Mittwoch	
Donnerstag	
Freitag	
Samstag	
Sonntag	

6. Einheit: „Obst und Gemüse“

„Obst- und Gemüse-Suchsel“

Aufgabe: *Hier sind 25 Obst- und Gemüsesorten versteckt! Finde sie, male sie an und schreibe die Namen unten in die Tabelle (es passen immer mehrere Begriffe in eine Reihe)!*

A	R	H	I	M	B	E	E	R	E	V	B	U	N	I
B	I	R	N	E	Q	B	V	H	O	R	A	N	G	E
L	K	U	S	C	V	H	I	T	G	V	T	P	I	F
U	P	P	A	P	R	I	K	A	N	B	P	X	S	J
M	J	X	L	I	J	K	A	R	T	O	F	F	E	L
E	U	Z	A	V	H	O	L	E	V	H	L	C	L	W
N	I	G	T	M	D	H	X	T	T	N	A	M	L	G
K	T	N	Y	S	D	L	R	T	M	E	U	N	E	O
O	C	P	H	V	U	R	T	I	N	N	M	S	R	Z
H	M	A	I	S	Q	A	Y	C	V	T	E	U	I	U
L	A	U	C	H	S	B	L	H	Z	A	X	I	E	R
V	K	B	G	J	K	I	R	S	C	H	E	M	Z	M
S	M	E	L	O	N	E	K	H	B	S	A	C	S	Ö
P	X	R	I	W	Q	V	K	M	A	N	G	O	T	H
I	H	G	U	R	K	E	D	G	N	R	T	M	D	R
N	K	I	W	I	V	Q	L	C	A	V	S	E	H	E
A	Q	N	C	T	Z	P	A	I	N	K	H	R	J	M
T	H	E	R	D	B	E	E	R	E	T	C	B	X	D
C	I	T	C	O	V	R	T	O	M	D	T	S	V	E
J	O	H	A	N	N	I	S	B	E	E	R	E	H	Q

Trage die 25 Obst- und Gemüsesorten hier ein:

Obst	Gemüse

7. Einheit: „Getreide“

Zeit: 1 Unterrichtsstunde

Material:

- Körner verschiedener Getreidearten (Weizen, Dinkel, Roggen)
- Weißmehl (Type 405) und Vollkornmehl
- AB „Getreide“ (bitte kopieren Sie das unten angefügte AB doppelt auf eine Din A4-Seite)

Einstieg:

1. Erklären Sie den Kindern im Stuhlkreis anhand der mitgebrachten Körner, dass es unterschiedliche Getreidesorten gibt, deren wesentlicher Bestandteil, das Korn, aber bei allen Sorten gleich aufgebaut ist.
2. Benennen Sie den Unterschied im Geschmack, den Nährstoffen und der Verwendung für verschiedene Rezepte (zum Brotbacken wird z.B. vorwiegend Weizen, Dinkel und Roggen verwendet).
3. Erklären Sie anhand des AB „Das Getreidekorn“ den Unterschied zwischen Weißmehl und Vollkornmehl.
4. Geben Sie einen Ausblick auf den praktischen Teil der Unterrichtsreihe, in dem ein Vollkornbrot und/oder Vollkornbrötchen gebacken werden.

Erarbeitung:

1. Zeichnen Sie nach der Abbildung des AB „Das Getreidekorn“ ein Korn an die Tafel und beschriften Sie es mit den Kindern.
2. Lesen Sie mit den Kindern den Informationstext auf dem AB „Das Getreidekorn“.
3. Die Kinder bearbeiten an ihren Plätzen das AB „Das Getreidekorn“.

Das Getreidekorn

Die Körner der verschiedenen Getreidesorten sehen äußerlich unterschiedlich aus. Sie sind jedoch ähnlich aufgebaut. Die **Oberhaut** ist die äußere Haut der Schale und schützt das Korn. Wenn man die schützende Hülle des Getreidekorns entfernt, sieht man zuerst seine **Schale**. In ihr sind Vitamine und Mineralstoffe gespeichert. Dicht unter der Schale befindet sich der **Keim**. Aus ihm entsteht eine neue Pflanze, wenn das Korn ausgesät wird. Der Rest des Korns besteht überwiegend aus Stärke und wird **Mehlkörper** genannt. Aus ihm stammt der größte Teil unseres Mehls. Für das meist dunklere Vollkornmehl werden die ganzen Getreidekörner mit Schale, Mehlkörper und Keimling gemahlen. Es enthält daher viele Vitamine und Mineralstoffe und ist sehr gesund. Vollkornmehl verdirbt schneller. Daher wird meist das helle Auszugsmehl verwendet. Hierfür werden die Getreidekörner erst geschält und dann gemahlen. Weißmehl ist besonders fein, aber mineralstoff- und vitaminarm. Vollkornmehl ist in der Ernährung (z.B. beim Backen) in jedem Fall vorzuziehen! Wegen der unterschiedlichen Nährstoffe der Getreide ist es zudem wichtig, verschiedene Getreidesorten zu verwenden.

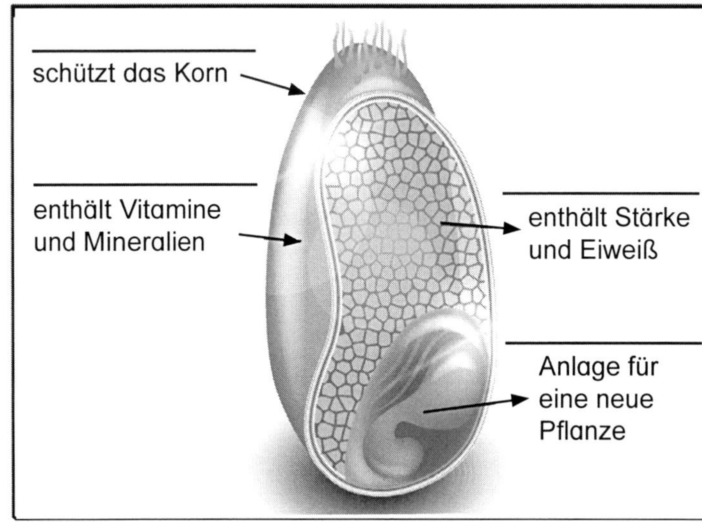

8. Einheit: „Zucker“

Zeit:

1-2 Unterrichtsstunden

Material:

- verschiedene Lebensmittel für die „Zuckerausstellung“ (0,75 l Ketchup, 450 g Nuss-Nougat-Creme, 1 l Cola, kleiner Fruchtzwerg (50 g), Milchschnitte, 200 g-Tüte Gummibärchen)
- 1-2 Packungen Zuckerwürfel
- Text für die Lehrkraft „Der süße Räuber Zucker“ (S. 31)
- AB „Zucker in unseren Lebensmitteln“ (S. 32)

Einstieg:

1. Stellen Sie im Sitzkreis die mitgebrachten Lebensmittel aus und lassen Sie die Kinder Vermutungen über den Inhalt der heutigen Stunde anstellen. Als Hilfe können die Zuckerwürfel dazu gestellt werden.
2. Anhand von einem Produkt nennen und zeigen Sie den enthaltenen Zuckergehalt durch Stapeln der entsprechenden Zuckerwürfelmenge (siehe AB „Zucker in unseren Lebensmitteln“). 1 Zuckerwürfel entspricht 3 g Zucker.
3. Die Kinder vermuten, wie viele Zuckerwürfel jedes einzelne Produkt enthält. Bauen Sie anschließend die tatsächlich enthaltene Anzahl neben dem Produkt auf und lassen Sie die Kinder mitzählen.
4. Erklären Sie die Wirkung des Zuckers in unserem Körper anhand des Textes „Der süße Räuber Zucker“.

Erarbeitung:

Die Kinder bearbeiten das AB „Zucker in unseren Lebensmitteln“.

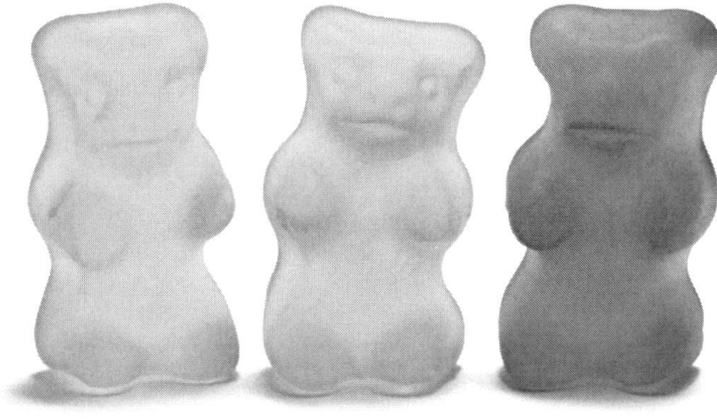

8. Einheit „Zucker“

„Der süße Räuber Zucker“ (Text für die Lehrkraft)

Sicher kennst du Werbung für Lebensmittel, die vor allem Kinder gerne essen …
➔ die Kinder nennen Beispiele (Cornflakes, Fruchtjoghurt, Eis, verschiedene andere Süßigkeiten …)

Was wird in der Werbung über diese Nahrungsmittel gesagt oder geschrieben?
➔ sie sind gesund, helfen beim Wachsen, geben Kraft, machen schlau …

Die Werbung erzählt uns nicht, dass diese Lebensmittel vor allem aus Zucker bestehen. Bei Süßigkeiten wissen wir das eigentlich, weil sie süß schmecken. In vielen anderen Produkten versteckt sich der Zucker hinter verschiedenen Namen in der Zutatenliste (z.B. Dextrose, Maltose, Fructose …). Du erkennst ihn, wenn du genau auf der Verpackung unter den „Nährwertangaben“ nachliest (*eine Verpackung zeigen*).

Durchschnittliche Nährwerte	pro 100 g	1 Stück (8,…
Energiewert	2149 kJ/514 kcal	178 kJ/43 kcal
Eiweiß	5,9 g	0,5 g
Kohlenhydrate	58,5 g	4,9 g
davon Zucker	48,6 g	4,0 g
Fett	28,6 g	2,4 g
davon gesättigte Fettsäuren	12,7 g	1,1 g
Ballaststoffe	2,2 g	0,2 g
	0,10 g	0,01 g

Zucker besteht nicht aus Nährstoffen, die unser Körper braucht. Im Gegenteil – er raubt ihm sogar Nährstoffe, damit dein Körper den Zucker verdauen kann. Wenn du zu viel Zucker in deinem Körper hast, verwandelt er sich in Fett und kann dick machen. Außerdem kann er Krankheiten verursachen, z.B. Diabetes, Herz-/Kreislauferkrankungen, Bluthochdruck und die Anfälligkeit für Erkältungen oder Allergien erhöhen.

Wenn du Lebensmittel mit viel Zucker isst, geht dieser Zucker sofort ins Blut über und sorgt dafür, dass du dich fit und wach fühlst – allerdings nicht lange! Nur kurze Zeit später sinkt dein Blutzuckerspiegel wieder und du fühlst dich müde, unkonzentriert und lustlos. Der Körper verlangt nach immer neuem Zucker. So geht das Auf und Ab immer weiter. Mit der Zeit fühlst du dich dann unruhig, nervös und müde. Du hast keine Lust mehr, dich auf etwas zu konzentrieren oder dich anzustrengen.

Aber das ist noch nicht alles!

Der Zucker beschädigt auch deine Zähne, weil er mit den Bakterien im Mund eine Säure bildet, die Löcher in die Zähne frisst. Nach dem Essen von zuckerhaltigen Lebensmitteln solltest du also immer deine Zähne putzen.

Wenn er uns so schaden kann, warum essen wir dann eigentlich Lebensmittel mit Zucker?
➔ die Kinder stellen Vermutungen an …

Dein Körper braucht zwar Zucker, aber den bekommt er schon aus den gesunden Lebensmitteln, die von Natur aus süß schmecken, weil sie z.B. Fruchtzucker enthalten (z.B. Obst). Diese Lebensmittel isst du hoffentlich täglich, denn sie enthalten viele Nährstoffe.

Viele Lebensmittel enthalten auch Stärke (z.B. Brot, Müsli, Nudeln oder Kartoffeln). Stärke besteht aus kleinen Zuckerbausteinen, die der Körper über den Tag verteilt langsam in dein Blut abgibt, sodass du dich gleichmäßig fit fühlst, ohne nach dem Essen schnell müde und schlapp zu werden.

Ist es nötig, ganz auf Süßigkeiten zu verzichten?
➔ die Kinder stellen Vermutungen an …

Es ist wichtig zu wissen, in welchen Lebensmitteln sich Zucker versteckt. Wenn du darauf achtest, dich gesund zu ernähren, ist eine Süßigkeit am Tag okay. Sie sollte allerdings keine Mahlzeit ersetzen!

Lernwerkstatt Gesunde Ernährung mit Kindern & Jugendlichen – Bestell-Nr. 12 585

KOHL VERLAG

8. Einheit „Zucker“

Zucker in unseren Lebensmitteln

Viele Lebensmittel enthalten Zucker.
Zucker gehört nicht zu einer gesunden Ernährung!
Kinder sollten pro Tag nicht mehr als 25 g Zucker essen.
Das entspricht 8 Stücken Würfelzucker.
Je weniger Zucker, desto besser!

Produkt	Zuckeranteil in Würfelzuckerstücken (à 3 g)
1 Flasche Cola (1 Liter)	40
1 Tüte Gummibärchen (200 g)	33
1 Kinder Country (24 g)	3
1 Twix (64 g)	18
1 Hanuta (20 g)	3
1 Flasche Ketchup (750 g)	61
1 kleiner Fruchtzwerg (50 g)	2
1 Packung Cornflakes (375 g)	51
1 Duplo (18 g)	3
1 Tafel Vollmilchschokolade (100 g)	22
1 Glas Nuss-Nougat-Creme (450 g)	78
1 Milchschnitte (30 g)	5
1 Fruchtbonbon (6 g)	2
1 Schokopudding mit Sahne (200 g)	14
1 Riegel Kinderschokolade (12 g)	2
1 Actimel (100 g)	3
1 Kinderriegel (20 g)	3
1 Tüte Chips (175 g)	29
1 Packung Eiscreme Vanille (1 Liter)	81

Aufgabe 1: *Beantworte die Fragen.*

a) Max hat heute eine kleine Flasche Actimel in seiner Brotbox. Mittags isst er zum Nachtisch einen Fruchtzwerg. Sollte er abends noch eine Milchschnitte naschen?

____

b) Welche Lebensmittel schmecken süß, sind aber trotzdem gesund und halten dich fit? Fällt dir etwas auf?

____

c) Beim Verzehr von Zucker gilt die Regel „Weniger ist mehr“. Was bedeutet das?

____

9. Einheit: „Die gesunde Brotbox“

Zeit:

1 Unterrichtsstunde

Material:

- 2 Brotboxen (vorzugsweise mit Unterteilungen) mit Anregungen für ein gesundes Schulfrühstück (möglichst auf Inhalte achten, die die Kinder auch selbst zubereiten können), z.B.:
  - kleine, belegte Vollkornbrotscheiben mit Frischkäse und Gurke sowie anderen Belägen
  - Brotscheiben oder Gemüsestücke die mit einem Plätzchenausstecher ausgestochen wurden
  - kleine Zahnstocher als Obst-/Gemüsespieße, kleiner Naturjoghurt mit einem Döschen ungesüßtem Müsli oder klein geschnittenem Obst
  - kleine Tomaten und andere Gemüse- und Obststücke (evtl. mit einem Dip in einem Döschen)
  - Sandwich mit Salat und weiterer Rohkost
  - Nüsse
  - selbstgemachte Müsliriegel
- Zahnstocher
- AB „Gesunde Brotbox für die Pause“ (S. 34)

Einstieg:

1. Fragen Sie im Sitzkreis nach den Frühstücksvorlieben der Kinder und besprechen Sie mit ihnen, was zu einem gesunden Schulfrühstück gehört bzw. welche Produkte nicht in die Brotbox gehören (Schokocroissant, Salzstangen, Pizza, Pommes, Chips etc.).
2. Anhand der mitgebrachten Brotboxen zeigen Sie verschiedene Möglichkeiten, wie man diese gesund und abwechslungsreich füllen kann.
3. Die Kinder reichen die Brotboxen herum, benennen weitere Vorschläge und können anschließend die Inhalte probieren (daher zwei Brotboxen; die zahlreichen Kleinigkeiten reichen meist für eine ganze Klasse). Hier sind Zahnstocher zum Aufpicken bei Bedarf aus hygienischen Gründen hilfreich.

Erarbeitung:

Die Kinder bearbeiten das AB „Gesunde Brotbox für die Pause“ und erhalten die Hausaufgabe, selbst eine gesunde Brotbox zusammenzustellen.

KOHL VERLAG Lernwerkstatt Gesunde Ernährung mit Kindern & Jugendlichen – Bestell-Nr. 12 585

9. Einheit: „Die gesunde Brotbox für die Pause“

Gesunde Brotbox für die Pause

Aufgabe 1: *Wie gesund ist das Pausenbrot? Zeichne ein.*

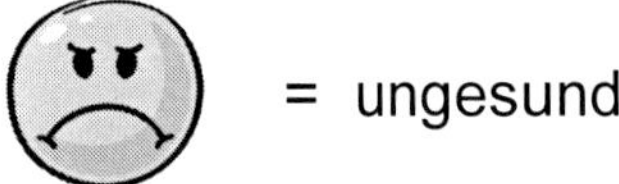

= ungesund

= geht noch gesünder

= gesund

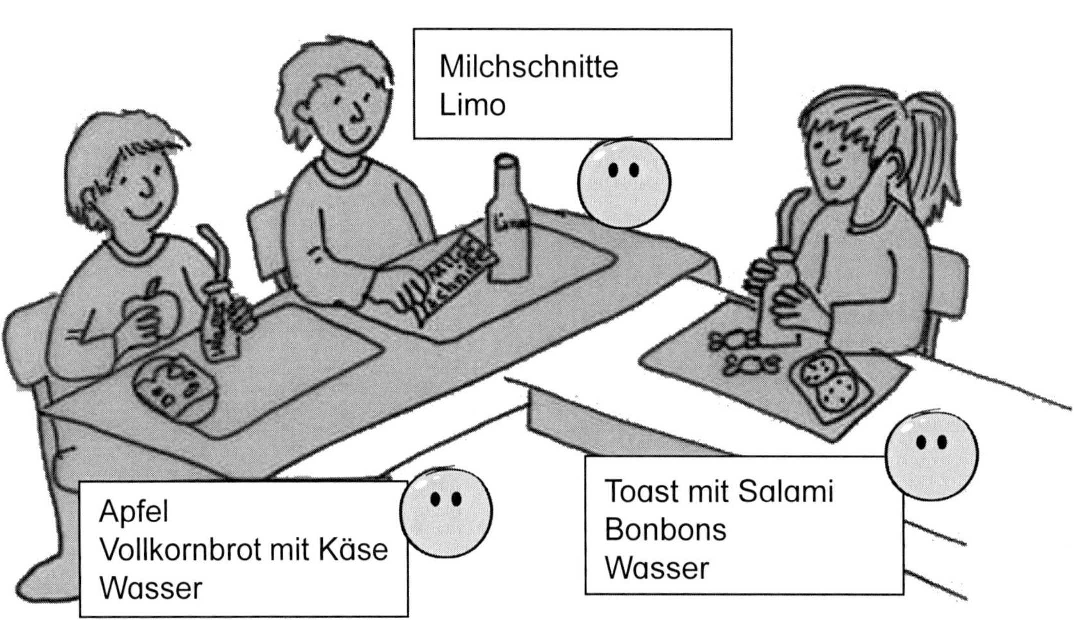

Aufgabe 2: *Male dein Pausenbrot. Wie gesund ist es?*

Vorwort praktischer Teil: „Gesunde Rezepte“

Liebe Kolleginnen und Kollegen,

die praktischen Rezeptzubereitungen machen den Kindern großen Spaß! Erfahrungsgemäß sind diese Stunden die Lebendigsten der Unterrichtsreihe, von denen die Kinder noch lange erzählen.
Es ist wichtig, dass alle, die mögen, die zubereiteten Rezepte anschließend auch probieren können. Daher habe ich meist einen Teil vorbereitet mitgebracht und einen Teil mit den Kindern zubereitet.
Die Zubereitung der Rezepte durch Sie kann entweder im Sitzkreis oder frontal erfolgen. Hier kann man selbst ausprobieren oder auch variieren. Wenn Sie hilfsbereite Mütter organisieren können, können die Rezepte auch in Gruppen umgesetzt werden. So können die Kinder natürlich mehr mithelfen, was ihnen großen Spaß macht. Im Verlauf der Unterrichtsreihe können die Kinder meist zunehmend selbstständig arbeiten und helfen sich gegenseitig.
Ich handhabe es mit meinen Lerngruppen so, dass ich bei der Zubereitung im Sitzkreis vieles „nebenbei“ erkläre (z.B. „Wie funktioniert die Küchenwaage?“, „Welche Rühraufsätze benötige ich für das Handrührgerät?“ etc.) und die Kinder für verschiedene, kleine Aufgaben einbinde. Das ergibt sich bei der Zubereitung und beim späteren gemeinsamen Essen von ganz allein.
Wichtig ist, dass alle Spaß bei der Zubereitung haben und die Anregungen zuhause später gerne nachmachen.
Die Rezepte sind alle ohne Küche umsetzbar. Sie benötigen einen Tisch, meist ein Verlängerungskabel für das Handrührgerät, eine Küchenwaage und die entsprechenden Zutaten. Natürlich muss auf die Hygiene im Umgang mit Lebensmitteln geachtet werden.
Die Zubereitung des „Frischkornbreis“ als zentralem Gericht der vollwertigen Ernährung erfordert die Verwendung einer „Flockenquetsche“. Deren Anschaffung für die Schule (und auch privat) ist in jedem Fall lohnenswert, da die Kinder (und auch KollegInnen) es lieben (werden), sich in den Frühstückspausen selbst Getreideflocken zuzubereiten und mit eigenem Obst und z.B. Naturjoghurt ein Müsli herzustellen.
Auch Obstmesser und Schneidebrettchen sind als Anschaffung seitens der Klasse bzw. Schule sinnvoll.

Jede Praxiseinheit benötigt 1-2 Unterrichtsstunden.

Die Kinder bringen zu den „praktischen“ Stunden eigenes Geschirr mit, mit dem sie ihre Plätze gerne schön „decken“.
Vor jeder Rezeptzubereitung gilt:

- alle waschen sich die Hände
- lange Haare werden zusammengebunden
- niemand ruft „Ihhh“ bzw. meckert über das Essen
- jeder darf probieren, aber niemand muss (bitte unbedingt Allergien berücksichtigen!)

Am Ende der Unterrichtsreihe können Sie eine Abstimmung durchführen, welches Lieblingsrezept die Kinder noch einmal zubereiten möchten. Dieses kann in der letzten Stunde wiederholt und abschließend der Ernährungsführerschein ausgeteilt werden.

Viel Spaß!

10. Einheit: „Richtiges Tischdecken“ und „Verhaltensregeln bei der Zubereitung/beim Essen“

Zeit:

1 Unterrichtsstunde

Material:

- 2 Tischsets
- je 2 Teller, Suppenteller, Dessertschalen, Glas, Messer, Gabel, Esslöffel, Teelöffel
- Servietten
- AB „So decke ich den Tisch richtig“ (S. 37)
- AB „Regeln beim Essen“ (S. 38)

Einstieg:

1. Decken Sie vor der Klasse beispielhaft den Tisch (aus ihrer Perspektive) und erklären Sie die Regeln:
   - Position des Geschirrs
   - Besteck von außen nach innen
   - schöne Tischdekoration
   - einfache Falttechnik einer Serviette (siehe AB)
2. Bitten Sie die Kinder, den gegenüberliegenden Platz des Tisches aus Sicht der Schüler zu decken.
3. Nennen Sie folgende Aussagen und lassen Sie diese von den Kindern bewerten (Daumen hoch/runter oder ja/nein):

   Es ist höflich ...
   - *beim Tischdecken zu helfen.*
   - *übers Essen zu meckern.*
   - *sofort anzufangen, wenn man sich bedient hat.*
   - *mit der Hand über den ganzen Tisch zu greifen.*
   - *sich immer die größte Portion zu nehmen.*
   - *nur das zu probieren, was man kennt.*
   - *mit dem Besteck direkt aus der Schüssel zu essen.*
   - *mit vollem Mund zu sprechen.*
   - *beim Abräumen des Tisches zu helfen.*
   - *erst aufzustehen, wenn alle fertig sind.*
   - *beim Essen rumzuschreien.*
4. Erklären Sie den Kindern die Regeln für die nächsten Stunden. Hängen Sie sie nach Möglichkeit gut sichtbar im Klassenraum auf:
   - alle waschen sich die Hände
   - lange Haare werden zusammengebunden
   - niemand ruft „Ihhh“ bzw. meckert über das Essen
   - jeder darf probieren, aber niemand muss (bitte unbedingt Allergien berücksichtigen!)

Erarbeitung:

1. Die Kinder bearbeiten das AB „So decke ich den Tisch richtig“.
2. Das AB „Regeln beim Essen“ erhalten die Kinder als Hausaufgabe.

10. Einheit: „Richtiges Tischdecken“ und „Verhaltensregeln bei der Zubereitung/beim Essen“

So decke ich den Tisch richtig

Aufgabe 1: *Mia möchte nicht alleine essen. Setze dich dazu und decke deinen Essplatz wie Mia.*

Aufgabe 2: *Falte eine Serviette und stelle sie auf deinen Teller.*

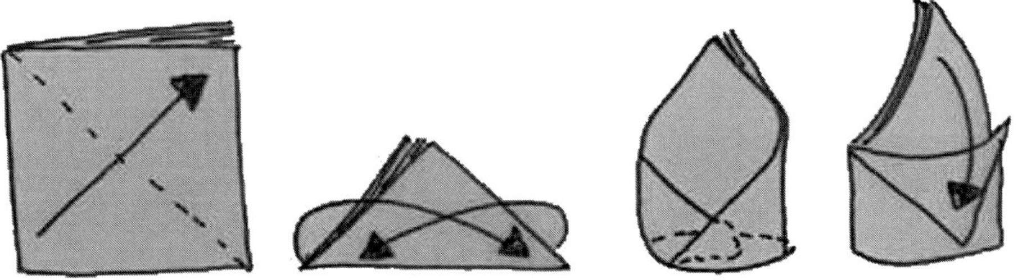

Aufgabe 3: *Wie legst du dein Besteck, wenn du satt bist? Kreuze an.*

a) ☐

b) ☐

KOHL VERLAG Lernwerkstatt Gesunde Ernährung mit Kindern & Jugendlichen – Bestell-Nr. 12 585

10. Einheit: „Richtiges Tischdecken“ und „Verhaltensregeln bei der Zubereitung/beim Essen“

Regeln beim Esssen

Aufgabe 1: *Verbinde richtig.*

Mit vollem Mund ...	... wenn alle mit dem Essen fertig sind.
Iss dein Essen ...	... wenn sich alle Essen genommen haben.
Stehe erst vom Tisch auf, ...	... spricht man nicht.
Beginne erst zu essen ...	... Ellenbogen auf dem Tisch ab.
Stütze dich nicht mit den ...	... sondern mit Messer und Gabel.
Man isst nicht mit den Händen ...	... in aller Ruhe am Tisch.

Aufgabe 2: *Schreibe die Regeln auf die Linien. Kennst du weitere?*

11. Einheit: „Schokocreme Brotaufstrich“

➔ **zum Probieren eignen sich z.B. kleine Vollkornbrotscheiben**

Zutaten (für zwei Schraubgläser):

- 250 g Butter
- 150 g Akazienhonig
- 6 EL Kakao
- 200 g gemahlene Haselnüsse

(Zimt und/oder Bourbon-Vanille nach Geschmack)

Zubereitung:

1. Rühre die weiche Butter mit dem Handrührgerät schaumig.
2. Rühre Honig, Kakao und nach Geschmack Zimt oder Vanille darunter.
3. Gib die Haselnüsse dazu und rühre sie unter.
4. Fülle die fertige Schokocreme in ein Schraubglas. Nimm sie immer einige Zeit vor dem Essen aus dem Kühlschrank.

Die Schokocreme ist im Schraubglas im Kühlschrank bis zu 14 Tage haltbar.

KOHL VERLAG Lernwerkstatt Gesunde Ernährung mit Kindern & Jugendlichen – Bestell-Nr. 12 585

12. Einheit: „Tomatenketchup“

➔ **zum Probieren eignen sich z.B. kleine Vollkornbrotscheiben**

Zutaten (für ein Schraubglas):

- 200 g Tomatenmark
- 60 g Honig
- 2 EL Apfelessig (oder weißer Balsamico)
- 1 - 2 TL Currypulver
- 1 geh. TL Salz
- schwarzer Pfeffer
- ½ TL Kurkuma (nach Geschmack)

Zubereitung:

1. Verrühre die Zutaten mit einem Löffel.

2. Fülle die Masse in ein Schraubglas.

Der Tomatenketchup ist gut gekühlt ca. 10 Tage haltbar.

13. Einheit: „Lustige Brotgesichter"/ „Rohkostteller mit Dip als Resteverwertung"

1. „Lustige Brotgesichter"

Zutaten (für 4 Portionen):

- 4 Scheiben Vollkornbrot
- Butter und/oder Frischkäse
- 1 Möhre
- 1 Paprika
- ½ Salatgurke
- Radieschen
- kleine Tomatenhälften
- 1 Bund Schnittlauch

Zubereitung:

1. Wasche das Gemüse und lasse es abtropfen (Sieb oder Küchenrolle).
2. Schneide das Gemüse in Streifen oder Scheiben. Lege es auf einen Teller.
3. Schneide den Schnittlauch (für die Haare) mit einer Schere und lege ihn auf den Teller.
4. Bestreiche die Brotscheiben mit Butter und/oder Frischkäse.
5. Lege aus dem geschnittenen Gemüse Gesichter auf die Brotscheiben und richte sie auf einem großen Teller an.

2. „Rohkostteller mit Dip"

Zutaten (für ca. 4 Personen):

Rohkost der Saison in Streifen oder Scheiben, auf einer Platte angerichtet, z.B.: Gurke, Paprika, Karotten, Kohlrabi, Radieschen, Tomaten …

Schneller Dip:

- 1 Becher Schmand
- 1 Becher saure Sahne
- etwas Olivenöl
- Kräuter (frisch, tiefgekühlt oder getrocknet)
- Kräutersalz, Pfeffer

Zubereitung:

Verrühre die Zutaten für die Dips mit einem Löffel, bestreue sie nach Belieben mit Schnittlauch oder anderen frischen Kräutern und reiche sie in kleinen Schälchen zum Rohkostteller.

Lernwerkstatt Gesunde Ernährung mit Kindern & Jugendlichen – Bestell-Nr. 12 585

14. Einheit: „Milchshake mit Obst“

<u>Zutaten (für 4 Portionen)</u>:

- 3 Bananen <u>ODER</u> 500 g Obst der Jahreszeit
- 2 TL Zitronensaft, frisch gepresst
- 1 l Milch oder Mandelmilch, ungesüßt

<u>Zubereitung</u>:

1. Wasche das Obst und schneide es in Stücke.
2. Fülle zuerst das Obst, dann einen Teil der Milch in ein hohes Rührgefäß, sodass das Obst gut bedeckt ist.
3. Zerkleinere alles mit dem Stabmixer und fülle zum Schluss die restliche Milch hinzu.
4. Mixe noch einmal so lange, bis die Milch leicht schaumig und das Obst zerkleinert ist.
5. Serviere den Milchshake in schönen Gläsern und gut gekühlt.

15. Einheit: „Frisches Vollkornbrot“

Zutaten (für ein Brot à ca. 1500 g / große Kastenform):

- 1000 g Dinkelvollkornmehl
- 1 l lauwarmes Wasser
- 1 Würfel Hefe
- 100 g Leinsamen
- 200 g Sonnenblumenkerne
- 130 g Haselnüsse, gemahlen
- 4 EL Apfelessig
- 3 TL Salz
- 1 TL Koriander, gemahlen

Ölsaaten zum Bestreuen (Sesam, Kürbiskerne, Leinsamen, Mohn …)

Zubereitung:

1. Löse in einer Schüssel die Hefe im Wasser auf.
2. Vermische die übrigen Zutaten der Reihe nach mit dem Handrührgerät (Knethaken) in einer Rührschüssel und füge die aufgelöste Hefe hinzu.
3. Verknete den Teig mit dem Handrührgerät.
4. Fülle den Teig in eine gefettete Brotbackform. Streiche die Teigoberfläche mit einem nassen Löffel glatt und bestreue sie mit den Ölsaaten.
5. Schiebe das Brot in den kalten Backofen (Backofenmitte) und backe es 75 Minuten bei 220 °C (Ober-/Unterhitze).
6. Stürze das Brot aus der Form und lasse es auf einem Gitter erkalten.

Tipp: Sammle die Ölsaaten, die vom Brot herunterfallen und verwende sie z.B. für den nächsten Salat.

„Tzatziki“

– (schmeckt sehr gut zu frischem Brot) –

Zutaten:

- 500 g Schmand
- 4 Knoblauchzehen, gepresst
- ½ Salatgurke, geraspelt
- 5 EL Olivenöl
- 1 TL Dill, gehackt
- Kräutersalz, Pfeffer

Zubereitung:

1. Verrühre alle Zutaten miteinander und schmecke sie ab.
2. Stelle die Zubereitung mindestens eine Stunde abgedeckt in den Kühlschrank und lasse sie durchziehen.

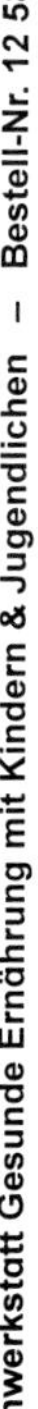

16. Einheit: „Frische Vollkornbrötchen“/ „Butter selbst machen“

1. „Frische Vollkornbrötchen“

Zutaten (für 10 - 12 kleine Brötchen):

- 750 g Dinkelvollkornmehl
- 2 gestr. TL Salz
- 450 - 500 g lauwarmes Wasser
- 1 Würfel Hefe
- nach Geschmack Ölsaaten (Sesam, Mohn, Kürbiskerne ...)

Zubereitung:

1. Löse die Hefe im Wasser auf.
2. Vermische Mehl und Salz und füge die im Wasser aufgelöste Hefe nach und nach hinzu, während du den Teig knetest.
3. Lasse den Teig 30 Minuten gehen (alternativ über Nacht im Kühlschrank).
4. Heize den Backofen auf 225 °C vor.
5. Forme mit etwas Streumehl runde Brötchen und setze sie auf ein mit Backpapier ausgelegtes Backblech. Ritze sie mit einem Messer kreuzweise ein.
6. Besprühe die Brötchen leicht mit Wasser und streue Ölsaaten darüber. Drücke sie etwas an.
7. Backe die Brötchen für 20 Minuten bei 225 °C.
8. ... noch warm genießen ...!

2. „Butter selbst machen“

Zutaten:

- 2 Becher Sahne
- 3 Gläschen mit Deckel

Zubereitung:

1. Fülle die Sahne in die Gläschen und verschließe diese gut.
2. Schüttle die Gläschen so lange, bis sich langsam ein Klumpen bildet.
3. Die überschüssige Sahne kannst du abgießen und die Butter auf Brötchen oder Brot essen.

17. Einheit: „Bircher Müsli“

Zutaten (für 4 Portionen):

- 60 g gemahlene Mandeln
- 2 geriebene Äpfel
- 60 g Rosinen
- 500 g Naturjoghurt
- 100 g Haferflocken

Zubereitung:

1. Gib alle Zutaten in eine Schüssel und verrühre sie vorsichtig mit einem großen Löffel, bis aus den Zutaten eine cremige Masse entsteht.
2. Fülle das Bircher Müsli in Dessertschalen.
3. Du kannst das Müsli in einer Schüssel mit Deckel über Nacht im Kühlschrank aufbewahren.

KOHL VERLAG Lernwerkstatt Gesunde Ernährung mit Kindern & Jugendlichen – Bestell-Nr. 12 585

18. Einheit: „Frischkornbrei“

Dieses Rezept setzt voraus, dass Sie eine Flockenquetsche zur Verfügung haben. Der Frischkornbrei enthält alle Nährstoffe, die wir für eine gesunde Ernährung brauchen, hält lange satt und kann zu jeder Tageszeit gegessen werden.

Zutaten (für 1-2 Portionen):

- 2 EL Hafer und 1 EL Hirse (in der Flockenquetsche geflockt bzw. zerkleinert)
- ½ Apfel, gerieben oder geraspelt
- ½ Banane
- Saft einer halben Zitrone
- 2 EL geschlagene Sahne
- Nüsse, gemahlen
- Obst der Saison zum Garnieren

Zubereitung:

1. Gib den Hafer und die Hirse durch die Flockenquetsche.
2. Presse eine Zitronenhälfte aus, gib den Saft in eine Schüssel und zerquetsche ihn mit Hilfe einer Gabel mit einer halben Banane, bis ein Brei entsteht.
3. Reibe den Apfel mit Schale und vermische ihn mit dem Bananenbrei. Durch den Zitronensaft werden die Früchte nicht so schnell braun.
4. Schlage die Sahne mit den Rühraufsätzen des Handrührgerätes und vermische den größten Teil mit der Apfel-Bananenmischung.
5. Rühre die Nüsse darunter.
6. Wasche und schneide das übrige Obst in kleine Stücke.
7. Gib den Frischkornbrei in ein Schälchen und garniere ihn mit den Obststücken.
8. Verziere den Frischkornbrei mit dem Rest der Sahne.

19. Einheit: „Quarkspeise mit frischem Obst“

Zutaten (für 4 Portionen):

- 250 g Magerquark
- 250 g Quark (20 oder 40% Fett)
- ca. 150 ml (eine kleine Tasse) Milch
- 500 g frisches Obst, z.B. Erdbeeren, Mandarinen, Trauben, Pfirsiche, Äpfel, Bananen, Birnen
- nach Geschmack Haferflocken, Vanillepulver, Zimt zum Bestreuen

Zubereitung:

1. Verrühre Quark und Milch mit dem Schneebesen in einer Schüssel.
2. Wasche und trockne das Obst und schneide es in kleine Stücke.
3. Gib das Obst in den Quark und rühre alles vorsichtig mit dem Rührlöffel um.

   Alternative: Fülle Quark und Obst abwechselnd in Dessertgläser und garniere das Dessert mit Haferflocken und Vanillepulver oder Zimt

Vorlage Ernährungsführerschein

➔ Heute kann das Lieblingsrezept der Kinder noch einmal zubereitet und abschließend der Ernährungsführerschein ausgeteilt werden.

➔ Als Anlage erhalten Sie eine Blanko-Rezeptvorlage zum Abschreiben/Eintragen eigener Rezepte.

Ernährungsführerschein

für: ______________________________

Du hast am Theorie- und Praxisteil der Unterrichtsreihe „Gesunde Ernährung" teilgenommen und gezeigt, dass du dich mit gesunden Lebensmitteln und der Zubereitung von Rezepten auskennst.

Bleibe fit und gesund!

Dein/e Lehrer/in ______________________

Datum: ______________________________

Ernährungsführerschein

für: ______________________________

Du hast am Theorie- und Praxisteil der Unterrichtsreihe „Gesunde Ernährung" teilgenommen und gezeigt, dass du dich mit gesunden Lebensmitteln und der Zubereitung von Rezepten auskennst.

Bleibe fit und gesund!

Dein/e Lehrer/in ______________________

Datum: ______________________________

Blankovorlage Rezept

Zutaten:

Zubereitung:

Lösungen

1. Einheit „Was bedeutet gesunde Ernährung?“

AB „Unsere Sinne“

Aufgabe 1:
- Mit meiner **Zunge** kann ich **schmecken**.
- Mit meiner **Nase** kann ich **riechen**.
- Mit meinen **Augen** kann ich **sehen**.
- Mit meinen **Ohren** kann ich **hören**.
- Mit meiner **Haut** kann ich **fühlen**.

AB „Unsere Sinne und die Lebensmittel“

Aufgabe 1: süß, sauer, bitter, salzig, umami, aussehen, appetitlich, riechen, unterscheiden, genießbar, anfühlt

2. Einheit „Das Lebensmitteldreieck“

AB „Das Lebensmitteldreieck“

Aufgabe 1:

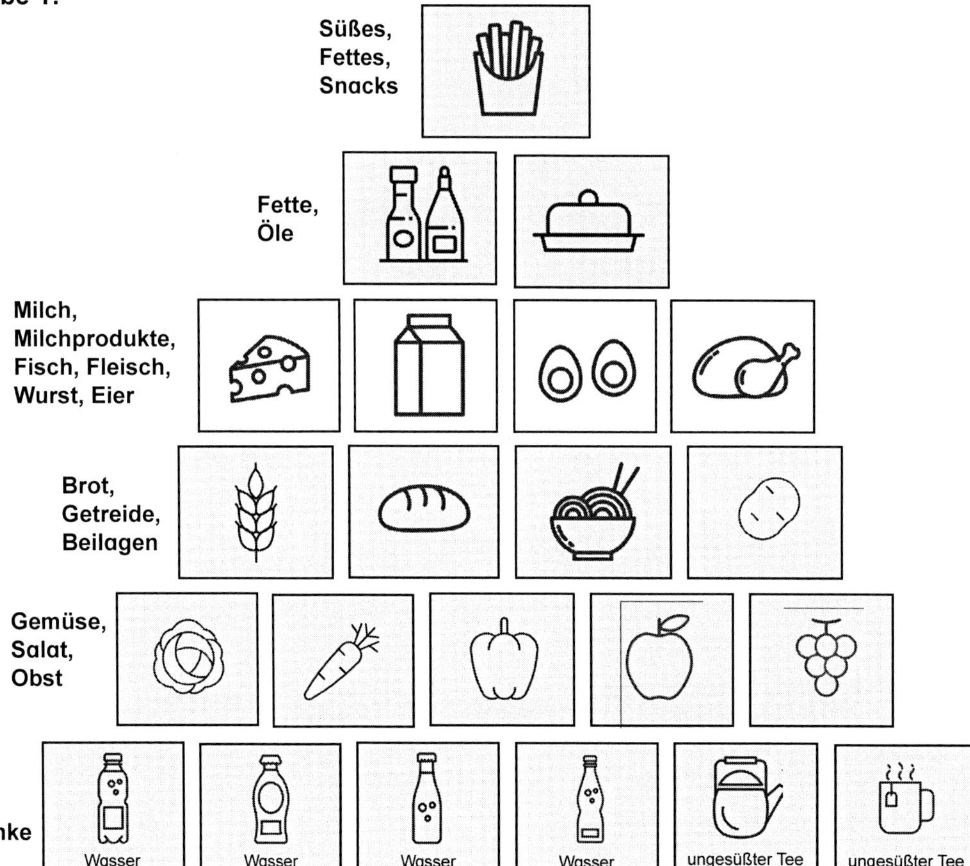

AB „Das Lebensmitteldreieck in 3D“

Aufgabe 1: Individuelle Lösungen

Lösungen

3. Einheit „Der Lebensmittelkreis“

AB „Die 7 Gruppen im Lebensmittelkreis“

Aufgabe 1: **a)** Individuelle Lösungen

b) Es fehlen die Süßigkeiten wie Kuchen oder Schokolade.

Aufgabe 2: Richtige Antwort: **7**

Aufgabe 3:
Gruppe 1: Brot, Nudeln, Brötchen, Kartoffel, Haferflocken, Mehl, Reis
Gruppe 2: Tomate, Zwiebel, Möhre
Gruppe 3: Erdbeere, Zitrone, Ananas, Kiwi, Banane
Gruppe 4: Joghurt, Quark, Käse, Milch
Gruppe 5: Fleischwurst, Schnitzel, Hähnchen, Fisch, Ei
Gruppe 6: Olivenöl, Margarine, Butter,
Gruppe 7: Tomatensaft, Wasser

Aufgabe 4: Individuelle Lösungen

4. Einheit „Unsere Verdauung“

AB „Unsere Verdauung“

Aufgabe 1: **a)** und **b)**

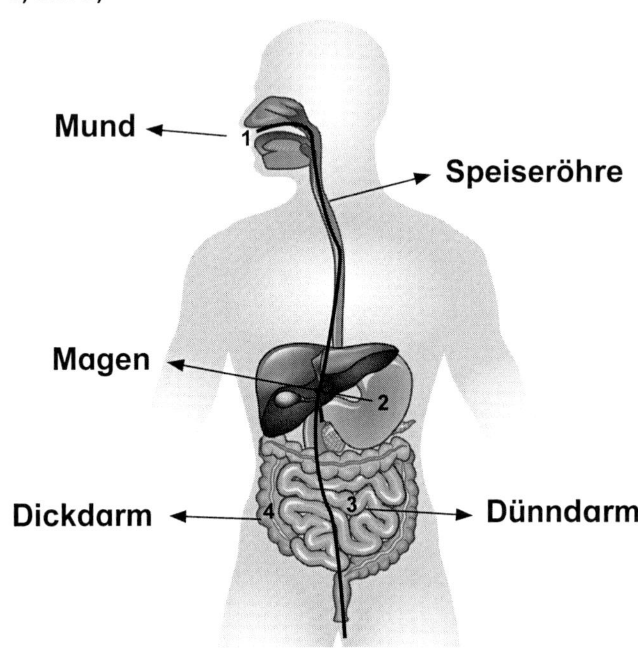

c) Durch das Kauen und die Vermischung mit Speichel kann der Speisebrei besser durch die Speiseröhre rutschen. So hilft man dem Körper bei der Verdauung.

Lernwerkstatt Gesunde Ernährung mit Kindern & Jugendlichen – Bestell-Nr. 12 585

Lösungen

5. Einheit „Was unser Körper braucht: Die Nährstoffe“

AB „Wir brauchen Nährstoffe“

Aufgabe 1:

Kraftstoffe

- geben uns Kraft und halten uns warm
- sorgen für unsere Beweglichkeit

Aufbaustoffe

- brauchen wir zum Wachsen
- sorgen für starke Knochen, gesunde Zähne, schöne Haut

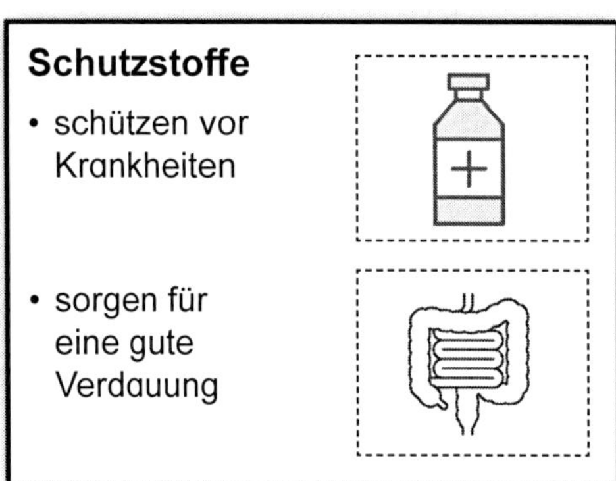

Schutzstoffe

- schützen vor Krankheiten
- sorgen für eine gute Verdauung

6. Einheit „Obst und Gemüse“

AB Neugieriges“ und „verstecktes“ Gemüse

Aufgabe 1: **<u>Obst und Gemüse</u>**

Der Unterschied zwischen Obst und Gemüse ist nicht immer ganz eindeutig.

Obst ist ein Begriff für Früchte und Samen, die aus den Blüten mehrjähriger Pflanzen (Bäume oder Sträucher) entstehen. Beispiel: Ein Apfelbaum blüht jedes Jahr erneut. Äpfel sind daher Obst.

Gemüse sind essbare Pflanzenteile (z.B. Stängel, Blatt oder Wurzel), die nur einmal in ihrem Pflanzenleben Früchte hervorbringen. Beispiel: Tomaten, Kartoffeln oder Salat müssen jedes Jahr neu gepflanzt werden, um sie ernten zu können.

Lösungen

6. Einheit „Obst und Gemüse“

AB Neugieriges“ und „verstecktes“ Gemüse

Aufgabe 2:

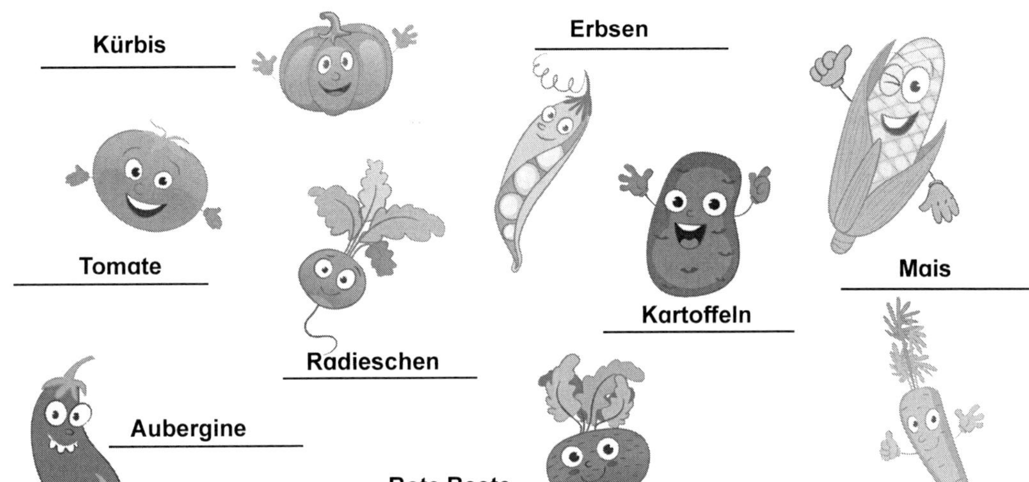

Der essbare Teil wächst unten bei: **Kartoffel, Karotte, Rote Beete und Radieschen**
Der essbare Teil wächst oben bei: **Aubergine, Tomate, Kürbis, Mais und Erbsen**

AB „Fünf Portionen am Tag“

Aufgabe 1: Individuelle Lösungen

AB „Obst- und Gemüse-Suchsel“

Aufgabe:

		H	I	M	B	E	E	R	E					
B	I	R	N	E					O	R	A	N	G	E
L			S											
U		P	A	P	R	I	K	A		B	P		S	
M			L			K	A	R	T	O	F	F	E	L
E			A			O		E		H	L		L	
N			T			H		T		N	A		L	
K						L		T		E	U		E	
O						R		I		N	M		R	
H	M	A	I	S		A		C			E		I	
L	A	U	C	H		B		H					E	
		B			K	I	R	S	C	H	E			M
S	M	E	L	O	N	E			B					Ö
P		R						M	A	N	G	O		H
I		G	U	R	K	E			N					R
N	K	I	W	I					A			E		E
A		N							N			R		
T		E	R	D	B	E	E	R	E			B		
												S		
J	O	H	A	N	N	I	S	B	E	E	R	E		

Lösungen

6. Einheit „Obst und Gemüse“

AB „Obst- und Gemüse-Suchsel“

Aufgabe:

Obst	Gemüse
Himbeere, Birne, Orange,	Blumenkohl, Salat, Paprika,
Pflaume, Kirsche, Banane,	Kohlrabi, Mais, Rettich,
Melone, Kiwi, Mango,	Bohnen, Lauch, Sellerie, Gurke,
Erdbeere, Johannisbeere,	Möhre, Aubergine, Spinat, Erbse

7. Einheit „Getreide“

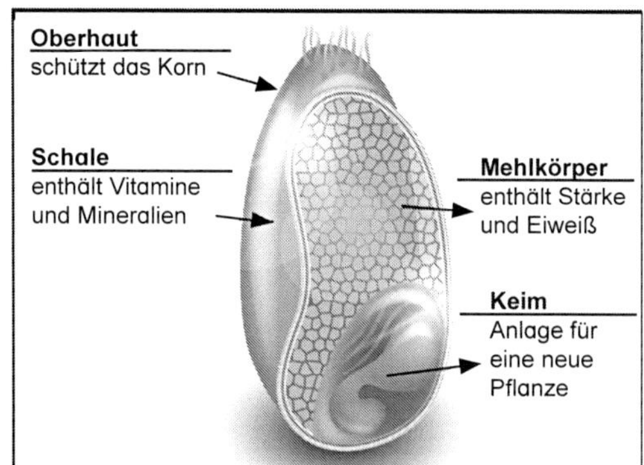

8. Einheit „Zucker“

AB „Zucker in unseren Lebensmitteln“

Aufgabe 1:

a) Nein, denn mit dem Actimel und dem Fruchtzwerg hat er bereits 5 Würfelzuckerstücke zu sich genommen. Würde er die Milchschnitte noch essen, käme er auf insgesamt 10 Stücke. Das sind 2 zu viel.

b) Obst schmeckt süß, ist aber gesund.

c) Individuelle Lösungen

9. Einheit „Die gesunde Brotbox“

AB „Gesunde Brotbox für die Pause“

Aufgabe 1: Apfel, Vollkornbrot mit Käse, Wasser → gesund
Milchschnitte, Limo → ungesund
Toast mit Salami, Bonbons, Wasser → geht noch gesünder

Aufgabe 2: Individuelle Lösungen

10. Einheit „Richtiges Tischdecken“ und „Verhaltensregeln bei der Zubereitung / beim Essen“

AB „So decke ich den Tisch richtig“

Aufgabe 1, 2: Individuelle Lösungen

Aufgabe 3: Richtige Antwort: **a)**

AB „Regeln beim Essen“

Aufgabe 1: Mit vollem Mund spricht man nicht.
Iss dein Essen in aller Ruhe am Tisch.
Stehe erst vom Tisch auf, wenn alle mit dem Essen fertig sind.
Beginne erst zu essen, wenn sich alle Essen genommen haben.
Stütze dich nicht mit den Ellenbogen auf dem Tisch ab.
Man isst nicht mit den Händen, sondern mit Messer und Gabel.

Bildnachweise

Bildquellen © AdobeStock.com:

S. 3: VectorShots;
S. 4: VectorShots;
S. 8: strichfiguren.de, ashumskiy;
S. 9: strichfiguren.de, Hermes Furian;
S. 11: Kristina, anna42f (7x), palau 83, glorcza, Irene, Paul Kovaloff (4x), Satoshi Kikyo, Matsabe (4x), mayrum (2x);
S. 12: Kristina, kssss;
S. 13: Gleb Semenjuk;
S. 15: Kristina, anna42f, palau 83, glorcza, Irene, Paul Kovaloff, Satoshi Kikyo, Graficriver;
S. 16: svsunny;
S. 20: strichfiguren.de, La Gorda;
S. 23: mushakesa, anna42f, palau 83, glorcza, Irene, Paul Kovaloff, mayrum, Matsabe, Satoshi Kikyo, hiro, strichfiguren.de, rawku5, topvectors, SimpLine;
S. 25: GraphicsRF, avtorpainter, Ansty art, blueringmedia, FARBAI, brgfx, dizolator, liliya Shlapak, lamnee;
S. 26: kharlamova_lv;
S. 29: eineg;
S. 30: Schlierner;
S. 31: PB-Photography;
S. 32: strichfiguren.de;
S. 34: JiSign, olllikeballoon;
S. 37: Visual Generation
S. 39: Tatiana;
S. 40: alka5051, Moving Moment;
S. 41: fineart-collection;
S. 42: New Africa;
S. 44: ExQuisine, Татьяна Горбунова;
S. 45: strichfiguren.de, exclusive-design;
S. 46: samael334;
S. 47: Carmen Steiner;
S. 48: Blueringmedia, dlyastokiv;
S. 49: VectorShots, Edpictures;
S. 50: anna42f, palau 83, glorcza, Irene, Paul Kovaloff, Satoshi Kikyo, Matsabe, mayrum;
S. 51: La Gorda;
S. 52: hiro, strichfiguren.de, rawku5, topvectors, SimpLine;
S. 53: kharlamova_lv;
S. 54: eineg;
S. 55: Jürgen Fälchle